하나님 나라 성경 시리즈

하나님 나라로 본

아가서

하나님 나라 성경 시리즈

하나님 나라로 본 아가서

초판 1쇄 발행 2020년 5월 25일

지은이 유석영
펴낸이 정성준
펴낸곳 도서출판 목양

등록 2008년 3월 27일 제 2008호-04호
주소 경기도 용인시 처인구 양지면 양지리 38-2
전화 070-7561-5247 팩스 0505-009-9585
홈페이지 www.mokyangbook.com
이메일 mokyang-book@hanmail.net

ISBN 979-11-86018-85-9 (03230)

책 값은 뒤표지에 있습니다.
잘못된 책은 교환하여 드립니다.

하나님 나라로 본

아가서

유석영 지음

하나님 나라
성경 시리즈

미성숙한 신부에서
온전한 신부로

키아즘구조(히브리식 문장구조), 숲과 나무 다 보기
원문 중심 • 적용 중심 해석

목양

목차

머릿말

본서는 필자가 출간하고 있는 '하나님 나라 성경 시리즈' 중 아가서 주해서이다.

필자는 시간이 허락하는 대로 '하나님 나라 성경 시리즈' 와 '하나님 나라 강해 설교 시리즈'를 출간하고자 한다. '하나님 나라 성경 시리즈'는 설교를 책임지는 목회자들과 성경을 좀 더 심도 있게 공부하고자 하는 성도님들을 위해 쓴 책들이다.

이미 성경관통1(창-더), 마태복음, 로마서, 요한계시록이 출판되어 있다. 앞으로 나머지 책들을 빠른 시일 안에 쓸 출간할 예정이다. 먼저 창세기부터 여호수아까지 6권과 더 킹덤 바이블(신약성경)을 2020년에 출간한다. 필자가 그동안 수많은 목회자와 성도들과 함께해온 하나님 나라 성경 세미나(구, 한눈에 보는 성경세미나)에서 강의란 내용을 다듬어 책으로 내는 것이다. 이 주해 시리즈는 기존 주석의 학문적 지루함을 보완하고, 기존의 설교집의 부족함을 극복하여 기존 주석보다는 쉽게, 기존 설교집보다는 훨씬 깊게 쓴 책들이다.

반면 '하나님 나라 강해 설교 시리즈'는 강단을 책임지고 있는 목회자들이 본문 주해를 어떻게 실제 설교로 전환하고 적용할 것인지에 대한 샘플로 의도된 책들이다. 아무리 주해의 과정이 탁월해도 그것을 설교로 전환하지 못한다면 설교자들에게 주해가 무슨 의미가 있겠는가? 그동안 많은 목회자 세미나 현장에서 성경 66권을 한 권씩 가르치면서 많은 목회자들과 성도님들이 성경 각 권에 대한 깊이 있는 강해 설교집을 출간해 달라는 요구가 있었기에 많이 부족하지만 각 권에 대한 '하나님 나라 강해 설교 시리즈'를 출간하고자 한다.

아가서는 솔로몬 왕과 시골 포도원 지기인 술람미 여인 간의 사랑을 담은 책이다. 물론 아가서에 대한 여러 가지 해석과 논란이 있지만, 필자는 아가서의 두 사람 간의 사랑이 단지 남녀 관계를 넘어서 신랑이신 예수님과 신부인 교회(신자)간의 사랑임을 확신한다. 이것이 교회의 전통적 아가서 해석이다.

그래서 필자는 아가서를 신랑이신 예수님과 신부인 교회(신자)간의 사랑으로 그린다. 특히 필자는 솔로몬 왕과 술람미 여인간의 사랑의 과정 과정을 자세히 살펴 가면서, 신랑이신 예수님이 신부인 교회와 신자들을 어떻게 온전한 신부로 만들어 가시는지, 다시 말해 미성숙한 어린 신부를 어떻게 성숙하고 온전한 신부로 빚어가는지 그 성숙의 여정을 치밀하게 설명하고자 한다.

예수를 믿은 순간 신자는 그리스도 예수의 신부가 된다. 그러나 온전한 그리스도의 신부가 되기 위해 많은 과정 과정을 겪는다. 본서가 그 과정을 함께 할 것이다

비록 졸저이지만, 본 아가서 주해서를 통해 큰 은혜가 있기를 바란다. 목회자에게는 성경을 보는 눈과 설교의 깊이가 더 해지고, 성도님들에게는 말씀에 대한 갈증과 목마름이 조금이나마 해갈되는 거룩한 도구가 되기를 기도한다.

유석영 목사
세종그나라교회 담임
하나님 나라 성경 사역원 대표

시가서(지혜문학) 5권의 흐름 : 욥기 시편 잠언 전도서 아가서

성경에 나오는 시가서는 총 다섯 권으로 욥기, 시편, 잠언, 전도서, 아가서이다. 이 다섯 권을 지혜서 또는 지혜문학이라고도 한다. 지혜문학은 하나님의 백성들의 삶의 방향을 가르치는 책으로써 곧 하나님을 경외하는 삶을 가르쳐 준다.

1. 지혜문학의 핵심 주제: 하나님을 경외함

지혜문학 다섯 권의 공동 주제는 '하나님의 백성들이 하나님을 경외한다는 것이 무엇인가'이다.

욥기는 하나님이 우주와 역사, 인생의 주권자이심을 선포한다. 그리고 하나님을 온전히 경외한다는 것이 무엇인지를 욥의 고난과 회복을 통해 가르친다.

시편은 시편 전체의 서론인 1-2편을 통해 복 있는 사람은 여호와를 경외하는 사람이라고 말한다. 여호와를 경외한다는 것은 그분의 말씀(토라, 율법)을 주야로 묵상하며 여호와를 의지하는 자라고 가르친다.

잠언은 삶의 구체적 상황속에서 여호와를 경외하는 것이 지혜의 근본임을 가르친다.

전도서는 '해 아래 새것이 없는 세상을 사는 인생들이 깨달아야 하는 인생의 허무(헤벨)와 창조주 하나님 여호와를 경외하는 것만이 진정한 행복'임을 가르친다.

아가서는 하나님을 참으로 경외하는 자들이 신랑이신 여호와 하나님(혹은 예수 그리스도)의 신부들임을 가르친다.

2. 지혜문학 다섯 권의 흐름

* 하나님 나라의 원리

성경의 절대 주제는 예수 그리스도를 통해 시작하고 완성될 하나님 나라이다. 요한계시록에서 완성된 하나님 나라에서 구원받은 성도들(신부들)은 신랑 되신 예수님과 영원한 왕 노릇 한다.

지혜문학인 욥기, 시편, 잠언, 전도서, 아가서도 하나님 나라의 관점에서 살펴야 한다. 하나님 나라의 원리가 그 안에 들어 있기 때문이다.

하나님은 영이시다. 따라서, 하나님 나라를 세우기 위해서는 하나님의 대리 통치자, '동역자'가 필요하다. 사도 바울은 이 개념을 로마서에서 '상속자(롬8:17)로 표현한다. 상속자는 '아버지를 닮은 자'라는 더 근본적인 의미를 내포한다. 사도 바울이 동역자보다 상속자 개념을 선호한 것도 '아버지를 닮은 존재'라는 의미가 내포되었기 때문이다.

아버지에 버금가는 모습이 되기 위해서는 반드시 훈련을 받아야 한다. 하나님은 특히 '고난'이라는 훈련법을 선호하신다. 우리는 다 깨닫지 못하지만, 고난을 통해 우리는 훈련되고 하나님 아버지를 닮아간다.

욥기의 맥

욥기는 처음 1장과 2장 그리고 마지막 장만 이야기체이고 나머지는 모두 시로 쓰였다. 후반부에서 하나님이 욥에게 물 붓듯이 쏟아부으시는 70개의 질문도 시의 형식이다. 이스라엘에서 7은 완전수를 의미한다. 하나님은 욥에게 70개의 질문을 쉴 새 없이 쏟으신다. 하나님을 향해 그동안 그렇게도 당당하게 자신의 의로움을 드러내던 욥은 단 한 마디도 대답하지 못하고 침묵한다.

욥에게 쏟아진 고난은 욥을 향한 사단의 고소로부터 시작한다. 이를 두고 학자들의 의견이 나뉜다. 하나는 마귀로 보는 것이고 다른 하나는 천사들 중에서 세상을 다니면서 세상과 사람들을 보고하는 정탐역할을 담당하는 천사로 보는 것이다. 전통적으로 사단으로 보아 왔으나 근래에는 일반적으로 천사로 보는 견해가 많다. 사단은 '욥이 하나님을 경외하기는 하지만 그가 하나님 자체를 사랑하고 경외하는 것은 아니다'라고 주장한다. 반면 하나님은 욥이 '나 자체만을 사랑한다'고 주장하신다.

욥기 1장의 분위기를 보면 사단은 자신의 주장을 꽤 확신한다. 왜일까?

필자의 생각은 이렇다. 사단이 전 세계를 다녀본 결과 오직 하나님만을 사랑하는 사람은 한 명도 찾아볼 수 없었기 때문이다. 설사 하나님을 경외한다고 하더라도 하나님 자체를 사랑한다기보다는 하나님께로부터 오는 복 때문에 경외하는 사람들을 만났기 때문이다. 그러기에 사단은 하나님께 욥이 하나님을 경외하는 것은 하나님이 그에게 많은 복을 주셨기 때문이라고 주장한다.

이런 하나님과 사단의 엇갈린 주장과 이에 대한 증명과정이 욥기 전체의 주제이다. 하나님의 주장이 증명되려면 하나님은 욥에게 주신 복을 다 거둬들여야 한다. 그리고 그때에도 욥이 하나님 한 분만을 사랑해야만 증명된다. 왜냐하면, 사단은 하나님이 산울로 그의 모든 소유와 자식들을 둘러쳐서 보호하기 때문에 사랑하는 게 당연하지 않겠냐고 시비를 걸고 있기 때문이다. 다른 말로 하면 욥기서에 나타난 싸움의 실체는 '진정으로 하나님을 경외할 자가 있는가'이다. 그 생생한 예시가 욥기이다.

*** 욥의 대속적 고난**

욥은 하나님 나라의 상속자이다. 그는 하나님의 유업을 이어받을 상속자로 만들기 위해 고난을 당한다. 세 친구 엘리바스와 빌닷과 소발의 주장처럼 죄 문제가 아니다. 욥이 받는 고난은 이유 없이 당하는 대속적 고난이다.

욥기서는 신약의 예수 그리스도를 많이 드러내는 책이다. 욥기 1장이 번제로 시작해서 마지막 욥기 42장에서 번제로 끝나는 것은 이러한 이유이다. 즉 십자가로 시작해서 십자가로 끝난다. 1장에서 욥은 자녀들이 잔치에서 범죄 했을까 걱정해서 번제를 드린다. 42장에서 자신을 정죄했던 세 명의 친구를 위해서 번제를 드리고 욥의 번제와 중보기도로 친구들은 하나님께 용서를 받는다. 마치 예수님이 십자가에 달려서 자신을 조롱하고 저주한 사람들을 중보하며 그들은 자신이 하는 일을 알지 못한다고 용서를 구했던 것처럼 욥기는 예수님의 십자가 사역을 예표한다.

시편: 고난 중에 드리는 기도와 탄식, 그리고 하나님의 임재와 하나님 통치에 대한 찬양

시편의 주제는 고난 중에 드리는 탄식의 기도와 하나님의 임재를 통한 승리의 확신, 그리고 하나님 통치에 대한 찬양이다. 시편의 주 저자는 다윗이다. 그는 총 73개의 시편을 썼다.

다윗도 욥과 마찬가지로 하나님 나라의 상속자이기에 삶 가운데 고난을 받는다. 그는 고난 중에 하나님께 나아가 자신의 처지를 탄식하지만, 하나님의 임재 가운데 하나님의 승리를 확신하고, 하나님의 통치하심을 찬양하게 된다.

우리의 인생도 마찬가지다. 고난이 찾아오고 그 가운데 탄식하게 된다. 우리도 다윗과 마찬가지로 하나님 앞에 나아가 우리의 처지를 놓고 간구

해야 한다. 하나님의 승리를 확신하고 하나님의 통치하심을 찬양해야 한다. 하나님께서는 우리가 고난의 때에 기도의 자리로 나오기를 원하신다.

고난 가운데 기도의 자리에 나가는 삶을 보여준 사람 중 사무엘의 어머니 한나도 있다. 한나는 하나님의 섭리 안에서 임신하지 못한다. 하지만 하나님께서는 후에 한나에게 3남 2녀를 주셨다. 이렇게 본다면, 한나의 불임은 단순히 육체적인 문제라고 할 수 없다. 이러한 고난을 통해 한나를 기도의 자리로 인도하신 하나님의 방법이라고 볼 수 있다.

한나는 자신의 처지가 슬퍼서 기도하다가 더 슬퍼하시는 하나님의 마음을 깨닫는다. 그녀는 기도하다가 대제사장 엘리와 그의 아들들이 제사장으로서 역할을 다하지 못하고 타락한 모습을 보면서 아파하시는 하나님의 고통을 보게 된다. 하나님의 더 큰 슬픔을 본 한나는 기꺼이 사무엘을 제사장으로 바친다.

시편의 화자는 악인이 세상에서 살아가는 모습을 보고 넘어질 정도로 화가 나서 하나님 앞에 나가 원수를 갚아 달라고 부르짖는다.

시 73:17

하나님의 성소에 들어갈 때에야 그들의 종말을 내가 깨달았나이다

약 5:11

너희가 욥의 인내를 들었고 주께서 주신 결말을 보았나니

사무친 진통의 호소를 하러 성소에 들어갔으나 그곳에서 시인은 하나님의 임재를 경험하게 된다. 그 임재 안에서 시인은 악인의 끝, 그 결과를 본다. 아마도 악인의 끝만 아니라 의인의 삶의 끝, 그 결과도 보았을 것이다. 마침내 시인은 하나님을 경배하고 찬양한다.

시편 기자는 자신의 삶의 환경 때문에 성소로 나아갔지만 하나님의 임재 가운데 하나님의 더 크신 계획을 보게 된다. 그리고 하나님의 통치를 의심하지 않고 절대 신뢰를 드린다. 눈 앞에 펼쳐진 현실을 보는 것이 아니라 보이지 않지만, 여전히 통치자이신 하나님, 그 하나님의 통치 아래 있는 자신을 확신하게 된다.

주의 통치와 주권을 찬양하는 145편은 시편 전체의 결론이다. 시인은 "내가 주를 높이고 영원히 주의 이름을 송축하리라"라고 결론을 내리고 있다. 이런 고백을 드린다고 현실이 달라지는 것은 아니다. 그러나 기도를 통해 하나님의 통치를 인정하게 되었고 이제 그 힘으로 현실을 이길 수 있다.

고난의 결국: 하나님 경외함(야레)을 배움

하나님의 사람들은 고난 속에서 하나님의 지혜를 배운다. 그리고 지혜는 하나님을 경외하는 것 그 자체이다. 어떤 상황 속에서도 하나님이 하나님이심을 인정하는 것이 경외이다. 경외는 히브리어로 '야레'이다. 내가 도무지 이해할 수 없는 상황 속에서도 하나님이 하나님 되심을 인정하는 것을 '야레'라고 한다.

잠언: 하나님을 경외하는 것이 모든 지혜의 근본이다

시가서 다섯 권의 중앙에 위치한 잠언은 하나님이 진정으로 원하는 삶을 사는 지혜가 무엇인지에 대해 가르치고 있다. 경외하는 자에게 하나님의 지혜와 인도하심이 임한다. 그분을 중심에서 사랑하지도 않고 그 마음과 그 길을 따를 마음도 없다면 하나님의 지혜와 인도하심은 부어질 수 없다. 행여 부어진다고 해도 아무런 의미가 없다.

마찬가지로, 하나님의 마음에 집중해야 성경이 열린다. 성경은 히브리어나 헬라어 원문 공부나 주석서를 통해서 열리는 것이 아니다. 오직 하나님을 사랑할 마음이 있어야 하고 말씀에 순종할 마음이 있어야 열리는 세계이다. 따라서 반드시 하나님에 대해 경외하는 마음과 그 길을 좇아가려는 중심이 있어야 한다.

전도서: 하나님을 아는 행복

하나님의 사람들은 고난의 과정을 겪으면서 성숙해진다. 전도서의 주제는 고난을 통해 배운 교훈이 무엇인가이다. 그 교훈을 바로 이것이다. 하나님 외에는 만족이 없고 하나님 없이는 아무것도 아니라는 고백이다. 해 아래 그 어떠한 것도 나 자신을 만족시키는 것은 없으며, 하나님 없는 세상은 그 무엇도 헛되다는 고백이야말로 고난을 통과한 자들만이 할 수 있는 고백이다.

그러나 기독교는 허무주의가 아니다. 전도서 12장 1-2절은 인생이 헛되지 않은 길, 행복한 인생의 비결을 알려 주며 끝을 맺는다. "인생이 헛되다고 말하기 전 창조주 하나님을 기억하라."

사람은 나를 만드신 창조주 하나님을 만나야 내 인생이 왜 만들어졌는지 알게 되고 참 만족과 행복을 찾을 수 있다. 이러한 면에 볼 때, 전도서는 결국 진정한 행복이 무엇인지를 이야기하고 끝낸다. 행복의 시작은 창조주를 추구하는 것이다. 전도서는 1장부터 11장까지는 해 아래 있는 땅의 가치를 추구할 때는 인생이 허무함뿐이며 행복이 없다는 것을 말하고, 마지막 12장에서는 해 위에 있는 창조주와 하늘의 가치를 추구할 때 비로소 인생이 행복함을 가르친다.

아가서: 신랑만 사랑하는 행복

전도서가 말하는 최고의 행복은 아가서에서 실체를 드러낸다. 그것은 신랑이신 예수와의 사랑의 교제이다. 신랑이신 주님과 계속 사랑의 입맞춤과 둘만의 침상에 들어가는 것이 가장 큰 행복이다.

3. 히브리 성경: 성문서의 흐름

*** 히브리 성경 순서**

1) 모세오경: 창세기-신명기

2) 예언서

: 전기예언서(여호수아, 사사기, 사무엘상.하, 열왕기상.하)

: 후기예언서(이사야, 예레미야, 에스겔, 호세아, 요엘, 아모스, 오바댜, 요나, 미가, 나훔, 학개, 스가랴, 말라기)

3) 성문서

: 시편, 욥기, 잠언, 룻기, 아가, 전도서, 예레미야애가, 에스더, 다니엘, 에스라, 느헤미야, 역대상.하

유대인들이 사용하는 히브리 성경은 총 39권이다. 기독교 구약성경과 권수는 같지만, 순서가 다르다. 히브리 성경은 첫 번째가 토라, 즉 모세오경이다. 이 부분은 기독교 성경과 순서가 같다. 두 번째는 네비임, 즉, 예언서로 전기 예언서와 후기 예언서로 나뉘고 역대상하가 한 권으로 된 역대서가 마지막이다. 세 번째는 케투빔, 즉, 성문서로 시편부터 시작된다.

*** 기독교 구약성경의 순서는 다음과 같다.**

1) 모세오경(창세기-신명기)

2) 역사서(여호수아-에스더)

3) 시가서(욥기- 아가서)

4) 선지서(호세아-말라기)

지금까지 필자는 기독교 성경의 시가서(욥기, 시편, 잠언, 전도서, 아가서)의 순서에 담긴 정경학적 의미를 살펴보았다.

필자는 또한, 히브리 성경의 성문서 흐름에도 깊은 의미가 담겨 있다고 생각한다. 순서를 구성하신 분도 성령님이고 그분의 지혜는 따라올 사람이 없는 놀라움 자체이기 때문이다.

히브리 성경의 다섯 두루마리와 절기

이스라엘 절기 때 읽는 책 다섯 권을 다섯 두루마리라고 부른다. 온 백성이 봄(종교력)의 유월절에 아가서 전체를 읽었다. 룻기는 오순절 밀 추수 때 읽는 책으로 영혼 추수의 의미를 담아서 읽는다. 성령은 추수의 영, 선교의 영이다. 또한, 7월인 장막절(초실절, 수장절)에 전도서를 읽고, 5월에는 바벨론에 포로로 끌려갔을 때를 기억하며 예레미야 애가를 읽는다. 또한, 역전의 날인 부림절(12월 14-15일)에는 에스더를 읽는다.

히브리 성문서의 흐름: 한 맥으로 보는 눈

: 시편(하나님 경외) – 욥기(실제) – 잠언(현숙한 여인) – 룻기(실제) – 아가서(신부의 사랑의 성숙) – 전도서(허무와 행복)

*** 시편과 욥기의 맥 연결**

이미 설명한 대로, 시편의 주제는 '진정한 복이란 하나님 말씀을 붙잡고 경외하는 것(시1편)'임을 선포한다. 욥기는 '돈이나 명예, 권세, 자녀의 복 등등, 아무런 이유가 없어도 하나님을 사랑하고 경외할 수 있는가'에 대한 성찰이다.

시편과 욥기의 맥을 연결해보자. 시편이 선포하는, 하나님을 경외함의 실체가 하나님을 진심으로 경외하는 인물 욥을 통해 구체화된다. 다시 말해, 시편이 하나님을 경외하는 것이 복이라고 선포하는 것이라면 욥기의 욥은 그 선포의 모델이다.

*** 잠언과 룻기의 맥 연결**

잠언은 31장으로 구성되어 있다. 잠언은 하나님을 경외함이 지혜의 근본임을 선포하고, 잠언의 마지막 장(31장)에서는 '지혜롭고 현숙한 여인'이 어떠한 여인인지를 가르치고 있다. 구속사적인 측면에서 살펴보면 현숙한 여인이란 신랑이신 예수님께 합당한 지혜로운 여인 즉 신부, 성도를 말한다. 잠언에서 말한 현숙한 여인의 모델이 룻기의 룻이다. 룻은 신랑인 보아스에게는 현숙한 여인이다.

*** 아가서와 전도서의 맥 흐름**

솔로몬은 성도의 진짜 신랑이신 예수님을 예표하고, 술람미 여인은 그리스도의 신부인 성도를 예표한다. 아가서는 신랑과 신부의 사랑이 성숙해져 가는 과정을 보여주는 책이다. 신부는 이 땅에서 신랑 외에 자신을 만족시킬 수 있는 것은 아무것도 없다는 진심으로 고백하는 자이다.

히브리 성경 순서에는 아가서 다음이 전도서이다. 전도서의 주제가 해 아래 새것이 없고 모든 것이 헛되다고 고백하는 책인 것을 감안하고 아가서와 연결해보면, 신랑이신 주님이 없는 세상은 헛되며, 신랑이신 주님 없는 삶이 또한, 얼마나 허무한지를 낱낱이 드러내는 책이다.

*** 전도서와 애가**

애가는 남 유다가 바벨론에 의해 멸망당한 후 예레미야 선지자가 쓴 노래이다. 남 유다는 진짜 신랑이신 여호와 하나님을 배반하고 헛된 우상들을 사랑하다가 하나님께 심판을 받았다. 아가서, 전도서, 다음에 애가가 이어지는 것은 진짜 신랑이신 주님을 버리고, 헛되고 헛된 우상을 더 사랑한 죄악 때문에 심판받은 것임을 드러낸다.

아가서 서론

1.저자 및 시기: 솔로몬 왕이 타락 전에 쓴 것으로 추정

사울 왕은 BC 1040년부터 40년 동안 집권했다. 그의 뒤를 이은 다윗은 BC 1010년부터 40년 집권하고 솔로몬은 BC 970년 왕좌에 올랐다.

아가서는 솔로몬 왕이 아직 타락하기 전에 쓴 초기 작품으로 본다. 그렇게 보는 이유는 아가서 6장의 내용 중 자신에게 아내와 첩이 140명이 있지만 술람미 여인과 같은 여인은 없다고 고백하기 때문이다. 이를 보면 아직 천 명의 아내가 생기기 한참 전으로 그의 집권 초반기라고 추정할 수 있다.

2. 아가서 해석 방법

1) 자연적 해석(연애시)

: 솔로몬왕과 술람미 여인 사이의 남녀 간 사랑

2) 풍유적(알레고리) 해석:

유대교: 하나님(남편)과 이스라엘(아내)의 관계

→ 이스라엘 전체 역사를 담고 있다

3) 모형론적 해석: 예수 그리스도(신랑)와 성도(신부)간 사랑의 여정

4) 절충적 해석: 자연적 해석+영적해석

자연적 해석은 아가서를 부부관계나 연애, 가정, 남녀의 사랑을 계시한 노래로 본다. 최근의 주석들은 주로 자연적 해석을 따른다. 그러나 이는 구속사적 해석을 거부하는 해석이다. 근대 자유주의 신학의 영향으로 아가서를 예수님과 교회의 사랑으로 보기보다는 가정에 대한 성경적 관점으로 해석하고 있는 것이다.

두 번째로는 유대교의 관점이다. 하나님(남편)과 신부 이스라엘 백성의 사랑으로 아가서를 본다. 특별히 유대교의 관점은 이스라엘의 역사를 담고 있다. 예를 들어 아가서 1장 2절 '침실로 인도하옵소서'라는 문장은 가나안 입성에 대한 표현으로 역사서 중 여호수아의 사건으로 보는 해석이다. 다시 말해, 아가서의 표현을 구약 이스라엘의 역사적 순서로 대입하는 방법이다.

세 번째로는 기독교적 해석으로, 아가서를 신랑이신 예수님과 신부인 교회(성도)로 본다. 요한계시록을 주로 상징으로 보는 것과 같은 맥락이다.

요한계시록 5장에서 예수님은 뿔이 일곱 개 달리고 눈이 일곱 개 있는 어린 양의 모습으로 나타난다. 이는 실제 예수의 모습이 아닌 상징적 묘사이다.

마찬가지로 아가서도 신랑이신 예수 그리스도와 신부인 교회로 보는 기독교적 해석을 하는 것이다. 성경은 하나님과 하나님 백성의 관계를 종종 남편과 아내로 묘사한다.

사 54:5

이는 너를 지으신 이가 네 남편이시라 그의 이름은 만군의 여호와이시며 네 구속자는 이스라엘의 거룩한 이시라 그는 온 땅의 하나님이라 일컬음을 받으실 것이라

렘 2:2

가서 예루살렘의 귀에 외칠지니라 여호와께서 이와 같이 말씀하시기를 내가 너를 위하여 네 청년 때의 인애와 네 신혼 때의 사랑을 기억하노니 곧 씨 뿌리지 못하는 땅, 그 광야에서 나를 따랐음이니라

호 2:16-20

여호와께서 이르시되 그 날에 네가 나를 내 남편이라 일컫고 다시는 내 바알이라 일컫지 아니하리라

고후 11:2

내가 하나님의 열심으로 너희를 위하여 열심을 내노니 내가 너희를 정결한 처녀로 한 남편인 그리스도께 드리려고 중매함이로다

엡 5:22-25

아내들이여 자기 남편에게 복종하기를 주께 하듯 하라 이는 남편이 아내의 머리 됨이 그리스도께서 교회의 머리 됨과 같음이니 그가 바로 몸의 구주시니라 그러므로 교회가 그리스도에게 하듯 아내들도 범사에 자기 남편에게 복종할지니라 남편들아 아내 사랑하기를 그리스도께서 교회를 사랑하시고 그 교회를 위하여 자신을 주심 같이 하라

계 19:7-9

우리가 즐거워하고 크게 기뻐하며 그에게 영광을 돌리세 어린 양의 혼인 기약이 이르렀고 그의 아내가 자신을 준비하였으므로

계 21:9

일곱 대접을 가지고 마지막 일곱 재앙을 담은 일곱 천사 중 하나가 나아와서 내게 말하여 이르되 이리 오라 내가 신부 곧 어린 양의 아내를 네게 보이리라 하고

마지막으로 절충적 해석도 있다. 아가서를 솔로몬과 술람미 여인 간의 남녀의 사랑을 기초로 하여, 하나님과 하나님 백성 사이의 사랑의 여정이라는 의미를 더하는 것이다.

어떤 해석 방법을 선택하든지 아가서의 주제는 '신부의 사랑의 성숙 여정'이다. 즉, 사랑이 어떻게 성숙해 가는가에 대한 여정이다. 신약적으로 적용한다면 신랑이신 예수님과 신부인 성도(교회)의 사랑의 성숙 과정이다.

신랑과 신부의 사랑은 1장에서 시작되지만, 아직 미성숙한 신부(술람미 여인)의 사랑은 성숙해지는 시간이 필요하다. 아가서는 신부인 성도(교회)

가 신랑이신 예수님을 향한 사랑이 어떻게 성숙해지는가에 대한 과정을 그리고 있다.

3. 구약을 보는 안경

아가서를 어떻게 해석해야 하는가에 대한 것은 예수님의 구약 해석 방법론을 따라가면 된다. 주님은 구약을 어떻게 봐야 하는지 이미 말씀해 놓으셨다. 구약 성경은 예수 그리스도가 누구인지를 예표 하는 목적을 가진다. 그래서 구약을 예수님 중심으로, 다시 말해, 구속사 중심으로 봐야한다는 것이다.

눅 24:27

이에 모세와 및 모든 선지자의 글로 시작하여 모든 성경에 쓴 바 자기에 관한 것을 자세히 설명하시니라

눅 24:44

또 이르시되 내가 너희와 함께 있을 때에 너희에게 말한바 곧 모세의 율법과 선지자의 글과 시편에 나를 가리켜 기록된 모든 것이 이루어져야 하리라 한 말이 이것이라 하시고

고후 3:14–16

그들의 마음이 완고하여 오늘까지도 구약을 읽을 때에 그 수건이 벗겨지지 아니하고 있으니 그 수건은 그리스도 안에서 없어질 것이라 오늘까지 모세의 글을 읽을 때에 수건이 그 마음을 덮었도다 그러나 언제든지 주께로 돌아가면 그 수건이 벗겨지리라

예수님은 모세와 선지자의 글과 시편 즉, 구약성경 39권이 모두 예수를 가리켜 말한 것이라고 하셨다. 그렇다면 구약에 포함되어 있는 아가서도 솔로몬과 술람미 여인의 이야기를 통해 신랑이신 예수님과 신부인 교회간의 사랑을 말하는 책이라고 할 수 있다.

사도 바울은 고후 3:14-16에서 구약을 읽을 때에, 가리어진 수건은 그리스도께 벗겨진다고 말씀한다.

4. 주요 등장인물과 신약적(구속사적) 적용

1) 솔로몬 왕

: 성도들의 신랑이신 예수님

2) 술람미 여인

: 온전한 신부로 성숙해 가는 미성숙한 신부, 아가서의 핵심은 '미성숙한 신부가 어떻게 성숙해 가는가'이다.

3) 예루살렘 딸들

: 구원받았으나 아직 영적으로 둔하고 미성숙한 어린 신자들, 그러나 이들은 술람미 여인처럼 성숙한 신부가 되도록 초대받은 자들이다.

4) 어미의 아들들(오빠들)

: 필자는 술람미와 솔로몬의 사랑을 방해하거나 핍박하는 율법주의자나 인본주의자로 본다.

솔로몬에 대한 또 다른 견해

아가서 해석에 대한 다른 한 가지 견해를 더 소개하고자 한다. 이 견해는 술람미 여인과 그녀의 연인인 목동의 순수한 사랑을 솔로몬 왕이 부귀와 권세로 미혹하고 빼앗으려는 자로 본다.

다시 말해, 술람미 여인의 사랑의 대상은 솔로몬이 아니고 같은 마을에 사는 힘없고 비천한 시골 청년 목동으로 보는 견해이다. 그리고 솔로몬 왕은 이 두 사람의 사랑을 방해하는 권력자이다. 솔로몬 왕은 돈과 권력과 부귀영화로 술람미를 유혹한다. 솔로몬 왕을 목동과 술람미의 지고지순한 사랑을 훼방하는 세력으로 보는 것이다. 이것이 요즘 대부분 학자들이 지지하는 견해이다. 그러나 필자는 솔로몬을 신랑으로 보는 전통적 견해를 지지한다.

5. 예수님과의 친밀한 사랑과 동역의 삶으로 성숙하라

1) 우리를 부르신 목적

① 주님과 친밀한 사랑의 교제(사귐)과

② 주님과의 동역의 삶이다

2) 예수님의 기도의 목적

: 하나님 아버지와 친밀한 사랑을 나누시는 것이 우선이었다.

요 17:26

내가 아버지의 이름을 저희에게 알게 하였고 또 알게 하리니 이는 나를 사랑하신 사랑이 저희 안에 있고 나도 저희 안에 있게 하려 함이니이다

3) 재림때의 신부로 준비하라

: 예수님과의 혼인 잔치에 신랑과 함께 서게 될 신부를 준비하기 위함이다.

계 19:7

우리가 즐거워하고 크게 기뻐하여 그에게 영광을 돌리세 어린 양의 혼인 기약이 이르렀고 그 아내가 예비하였으니

그러므로 주님이 우리를 부르신 두 가지 목적인 '친밀한 사랑'과 '동역'을 기억하자. 중요한 것은 이 두 가지는 순서가 바뀌면 안 된다. 아가서의

절대적으로 중요한 순서이다. 입맞춤이 먼저이고(1장) 마지막으로 신랑이 신부에게 포도원을 맡긴다(8장)

6. 아가서 전체 구조와 개관[1]

1) 1장 ~ 8장의 2가지 분류

① 1장 ~ 4장 : 술람미(신부)를 향한 솔로몬(신랑)의 사랑과 부르심

② 5장 ~ 8장 : 솔로몬(신랑)을 향한 술람미(신부)의 사랑과 동역

아가서는 1장부터 8장으로 구성되어 있다. 크게 두 부분으로 나눈다면, 1장~4장은 신부를 향한 신랑의 사랑과 부르심이다. 내용은 신부를 향한 신랑의 부르심과 칭찬, 격려, 예언적 선포, 결혼식 등이다.

1장~4장에서 신부는 신랑의 사랑을 통해 자신의 정체성이 변해간다. 그러나 신부는 신랑의 사랑만 받고 싶어하고, 함께 거친 들에 나가자는 신랑의 제안을 거부한다. 안전지대를 벗어나는 모험은 싫어한다. 신부를 더 높은 단계로 이끌고자 하는 신랑과 단지 위로와 평안만 누리려고 하는 신부간의 갈등이 서로 부딪힌다. 그러나 신랑은 이런 신부를 비난하지 않고 먼저 사랑을 쏟아붓는다. 그렇다. 신부는 신랑의 사랑을 먼저 충분히 받아야 세상에 쏟아낼 사랑이 있다. 드디어 4장에 이르러서는 두 사람은 결혼에 이르게 된다.

5장~8장까지는 신랑을 향한 신부의 사랑이 더해가는 과정을 강조한다. 신부는 신랑에게 자신의 마음에 많은 물과 홍수로도 끌 수 없는 사랑의 불로 태워달라고 간청한다. 신부의 사랑이 온전해짐에 따라 신랑은 신부에게 자신의 포도원을 맡기고 다시 돌아올 것을 약속하며 떠난다.

2) 단락별 개관

① 1장 ~ 2장 7절

가. 신부의 정체성 : 신랑이 보시는 나는 누구인가?

나. 검은가? 아름다운가?

다. 신부를 향한 신랑(예수님)의 2가지 비전(계획)

라. 신랑의 사랑에 점차 눈을 뜨는 어린 신부와 신랑의 사랑

시골 양치기 여인 술람미에게 사랑을 쏟아붓는 솔로몬 왕을 통해 그녀는 자신의 정체성을 다시 세워나간다. 신랑은 술람미에게 아름답다고 하며 사랑을 쏟아붓는다. 그녀는 자신이 검은 피부를 가진 여자라는 부정적 정체성에 매여 살아왔다. 그러나 신랑의 사랑의 입맞춤으로 인해 자신이

아름다운 존재임을 깨달아간다. 이런 신랑의 일방적인 사랑이 아무 꿈도, 비전도 없이 살아가는 시골 처녀에게 새 존재감과 비전을 불러일으킨다. 드디어 한 나라의 제왕인 솔로몬과 시골 양치기 여인의 사랑이 본격적으로 시작된다.

이것은 우주의 왕이신 하나님의 아들 예수 그리스도가 검게 탄 죄인인 나에게 한없는 사랑을 부으시는 것을 상징한다. 솔로몬 왕과 술람미 여인과의 말도 안 되는 사랑보다 더 말이 안 되고, 큰 사랑을 받은 자가 바로 성도임을 아는가?

① 2장 8절 ~ 17절

: 안전지대에 대한 솔로몬(신랑)의 도전과 술람미(어린신부)의 거절

신랑은 신부에게 찾아와 '나의 사랑 나의 어여쁜 자여 일어나 함께 가자'라고 거친 들로 함께 갈 것을 초청한다. 신랑은 신부에게 침대에만 머물려고 하지 말고 일어나 함께 들판으로 가자는 요구를 한다. 그러나 신부는 침대에만 머물고 싶어 한다. 일어나 함께 가자는 신랑의 요구를 거절한다.

③ 3장 1절 ~ 5절

: 솔로몬(신랑)의 떠나감과 술람미(어린신부)의 회개와 결단

'일어나 함께 가자' 는 신랑의 요구를 신부가 거절하자, 신랑은 잠시 신부를 떠난다. 신랑의 임재가 사라진 것에 놀란 신부가 신랑을 찾아 나서지만 아무리 불러도 신랑의 모습은 보이지 않는다. 애가 탄 신부는 결국 병이 든다. 신랑이 신부를 버린 것이 아니라 잠시 신부를 훈련시키기 위해 버린 것처럼 사이를 두고 시간을 보낸다.

이는 자기를 버리기 싫어하고, 현실에 안주하려는 신부를 그다음 자리로 이끌어 내려고 하시는 신랑의 배려이다. 이 과정을 통해 신부가 철저하게 회개한다.

④ 3장 6절 ~ 11절 : 솔로몬(신랑)이 다시 찾아옴

3장 6절에서 드디어 신랑이 신부를 다시 찾아온다. 신부는 신랑의 요구를 불순종하자 고독해진다. 이 과정을 통해 신랑 없는 부귀영화가 소용없음을 깨닫는다. 그녀는 자신의 불순종을 철저히 회개한다.

⑤ 4장 1절 ~ 5장 1절

: 신부를 향한 신랑의 8가지 예언적 선포

: 신부의 순결함에 대한 7가지 계시

: 처음으로 여인을 신부로 부르심: 결혼식

이 부분은 신랑이 신부의 미래의 모습을 예언적으로 선포하는 장면이다. 하나님은 종종 당신의 사람들의 미래의 모습을 예언적으로 선포하신다. 즉, 하나님께서 만들어 가실 그 사람의 미래의 모습을 먼저 선포하신다.

아브라함의 예를 들어 보자. 하나님은 갈대아 우르에서 우상을 숭배하는 아브라함에게 그의 나이 75세에 나타나셨다. 아브라함은 아비 데라와 함께 바벨론 달신인 난나르(Nanar)를 섬겼다. 애굽의 신은 태양신이고 바벨론의 신은 달의 신 난나르이다, 시편의 '낮의 해와 밤의 달이 해치 못한다는 표현은 단순히 해와 달을 의미하는 것이 아니다. 두 제국으로부터 보호하시는 하나님을 말하는 것이다.

하나님은 아브라함을 불러 천하 만민의 복이 될 거라고 먼저 선포한다. 그 후 하나님은 약 100년간 그를 복의 근본 통로로 만들어 가기 위해 훈련시킨다. 그래서 창12장은 예언적 선포이다.

이와 마찬가지로 신랑은 신부를 향해 8가지를 예언적 선포를 한다. 이것은 술람미가 실제 8가지 자격을 갖추었기 때문이 결코 아니다. 미리 선포하시고 만들어 가시는 것이다. 그러므로 목회자는 양 떼의 현재 모습을 보고 판단하고 질책하면 안 된다. 양 떼를 향해 예언적 선포를 하라. 그러면 하나님이 만들어 내신다.

이제 신부가 신랑이 없는 세상의 행복이 헛되다는 것을 철저히 깨닫고 신랑만 원하게 되자, 비로써 이 두 사람은 결혼을 하게 된다.

바로 결혼은 이런 것이다. 상대방이 없으면 아무것도 아님을 깨닫고, 상대방이 유일한 목적이 될 때가 결혼을 할 때이다. 이 부분에서 전도서와 아가서는 하나가 된다.

신랑은 드디어 4장 8절에서 처음으로 술람이 여인을 신부라고 부르신다. 신부는 히브리어 '칼라'이다. 4장 8–12절, 5장 1절까지 총 6번 신부라는 표현이 나온다. 왜 완전수 일곱을 채우지 않고 여섯 번 불렀을까? 일곱 번째 신부라는 호칭은 요한계시록에 있다. 적그리스도와 핍박을 이기고, 목이 잘리는 순교를 감당하기까지 예수를 붙잡는 자에게 신부라는 호칭을 주신다.

⑥ 5장 2절~8절 : 술람미(신부)의 성숙을 위한 2가지 테스트

가. 신랑이 다시 사라짐: 영혼의 밤이 찾아옴 (5:6)

나. 신부의 옷이 벗겨짐: 사역이 거두어짐 (5:7)

다. 이때 여인의 고백 (5:8)

이 부분에서는 신랑은 전략적으로 성숙의 자리로 신부를 이끌어 간다.

신부를 성숙시키기 위해 다시 임재를 거두고 아무런 설명도 없이 신랑은 떠난다. 이것은 3장에서 신부를 떠날 때와는 다른 떠남이다. 5장 2절에서는 신부에게 아무 잘못이 없는데도 일방적으로 임재를 거두어 가신다. 3장에서 신랑의 임재가 거두어졌을 때는 신부의 불순종 때문이었다. 그러나 두 번째는 신부의 불순종이 아니라 더 큰 계획을 이루기 위한 신랑의 계획적 떠남이다. 하지만 정확하게 말한다면 사실 신랑은 떠난 것이 아니다. 신부를 훈련하기 위해 전략적인 시간을 만든 것이다. 이런 고난은 마치 요셉과 욥 차원의 고난이다.

⑦ 5장 9절 ~ 6장 5절 : 2가지 테스트에 대한 신부의 반응

가. 임재와 사역이 거두어짐

나. 신부가 신랑의 아름다움을 10가지로 고백함

이유를 알 수 없는 고난을 당할 때, 신부는 신랑의 아름다움을 10가지로 고백한다. 신랑의 아름다움을 머리부터 발끝까지 10가지로 칭찬한다. 신랑은 신부를 테스트하는 분이시다. 마치 하나님이 아브라함에게 이삭을 번제물로 드리라는 요구, 테스트를 하신 것과 같다.

⑧ 6장 5절 ~ 10절

: 2가지 시험을 통과한 신부에게 신랑(예수님)이 아낌없는 칭찬과 신부의 아름다움을 표현하심

신랑의 테스트에 대한 신부의 고백이 끝나자 즉시 신랑이 돌아온다. 그리고 신랑은 기다렸다는 듯이 신부의 아름다움을 칭찬한다. 신부는 신랑을 머리부터 발까지 칭찬했지만, 신랑은 신부를 발부터 머리까지 칭찬한다. 신랑을 찾아다니느라 부르튼 신부의 발부터 칭찬한다. 신랑의 눈에 신부의 부르튼 발부터 보였기 때문이다.

⑨ 핍박받는 신부(6:11 ~ 7:9) : 신부의 주변에 있는 2가지 그룹들

그리스도의 참된 신부들에게는 언제나 신부를 방해하는 어둠의 세력이 있기 마련이다. 느헤미야가 성벽을 재건할 때도 도비야와 산발랏의 방해가 있었다.

⑩ 7장 9절 ~ 8장 4절 : 성숙한 신부와 신랑이 함께 동역함

그동안 신부는 1장부터 신랑과의 입맞춤과 침실의 밀어, 미성숙으로 인한 거절, 이유 없는 고난과 임재 거두심 등등… 여러 단계의 훈련을 받

았다. 이제 드디어 신부는 신랑과 동역하는 자리까지 성숙해 간다.

⑪ 신부에게 사랑의 불도장으로 인치심 (8:5~7)

신부는 8장에서 신랑에게 자신의 진짜 소원을 고백한다. 그것은 바로 "많은 물과 홍수로도 끌 수 없는 사랑의 불로 내 마음에 인을 치소서"라는 고백이다. 이것은 아가서의 결론이자 절정이다. 신부의 소원은 더이상 신랑의 부귀영화가 아니다. 오직 신랑의 사랑만을 구한다. 신랑을 향한 사랑이 불같이 더 타오르기를 사모한다.

⑫ 신랑의 다시 오심(예수님의 재림)을 위한 신부의 중보기도

: 포도원을 맡겨두고 떠나고 다시 신부를 영접하러 올 것을 약속하는 신랑 (8: 8~14)

자신을 사랑의 불로 인 쳐달라는 신부의 고백을 받은 신랑은 신부에게 자신의 포도원(하나님 나라)을 맡긴다. 즉 주님의 재림 전까지 신부에게 하나님 나라를 맡긴다. 아가서는 신부에게 맡긴 포도원의 열매를 기대하며 마무리한다. 이는 곧 요한계시록의 지평을 바라본 것이다.

*** 술람미의 삶의 중심의 변화**

나 중심 (2:16) → 주님 중심 (6:3, 7:10)

필자는 이미 아가서는 미성숙한 신부가 어떻게 성숙하고 온전한 신부로 완성되어 가는가에 대한 사랑의 여정이라고 말했다. 이 여정은 아가서 안에 신부의 사랑이 어떻게 바뀌는지에 대한 중요한 표현으로 드러난다.

술람미는 2장 16절에서 '그가(솔로몬) 나에게 속했다'라고 고백한다. 이것은 나 중심의 신앙이다. 그러나 그녀가 성장하고 성숙하자 신부의 중심이 바뀐다. 6장 3절에서 '내가 그에게 속하였다'라고 고백한다. 신랑 중심의 신앙으로 신부의 중심이 바뀌어 있다. 사랑은 내 중심에서 상대방 중심으로 그 중심이 바뀌어 가는 것이다.

아가서의 키아즘 구조1[2]

a 두 연인간의 사랑과 열망의 고백으로 시작(1:2~2:7)
　b 청년이 여인을 방문함: 전원으로 초청(2:8~17)
　　c 여인이 밤중에 청년을 찾음(3:1~5)
　　　d 핵심부분: 두 연인의 결혼식 날(3:6~5:1)
　　c' 여인이 밤중에 청년을 찾음: 두 연인의 애정 고백(5:2~7:11[5:2~7:10])
　b' 여인이 청년을 방문함: 전원으로 초청(7:12~8:4[7:11~8:4])
a' 두 연인간의 사랑과 열망의 고백으로 마침(8:5~14)

아가서의 키아즘 구조2(히브리식 문장 구조)[3]

책의 제목(1:1)

A 입장(1:2–4)

B 여자의 노래(1:5,6)

C 사랑하는 자를 찾음(1:7,8)

D 남자와 여자의 사랑 노래(1:9–2:7)

E 솔로몬의 청혼(2:8–17)

F 혼인식의 세 노래들(3:1–4:15)

ⓐ신부의 염려(3:1–5)

ⓑ신부가 신랑에게 나아감(3:6–11)

ⓒ신부의 순결함(4:1–15)

G 신랑과 신부의 합일(4:16–5:1)

F' 혼인식 밤의 세 노래들(5:2–6:10)

ⓐ신부의 염려(5:2–8)

ⓑ신부가 신랑을 만남(5:9–6:3)

ⓒ신부의 순결함(6:4–10)

E' 솔로몬의 왕비가 된 술람미 여인(6:11–7:1)

D' 신랑과 신부의 사랑 노래(7:2–8:4)

C' 사랑의 언약(8:5–7)

B' 여자의 노래(8:8–12)

A' 피날래(8:13,14)

I
단원

제1강

왕이 시골의 양치기 소녀와 사랑에 빠지다 (1:1-2)

솔로몬의 아가라. 나에게 입 맞춰 주세요. 숨 막힐 듯한 임의 입술로. 임의 사랑은 포도주보다 더 달콤합니다

1. 신앙의 패러다임

1) 주인과 종

2) 아버지와 자녀, 목자와 양

3) 신랑과 신부

예수를 믿고 거듭나는 동시에 주님과의 관계가 형성된다. 위에 소개한 여러 패러다임들은 주님과 우리의 관계, 우리의 정체성을 여러 각도에서 규정해 준다.

주권의 관점에서 볼 때는 '주인과 종'의 패러다임이다. 보호와 공급, 책임지시는 사랑, 소속감을 강조할 때는 '아버지와 아들'의 패러다임이다. 절대 의존이 강조되면 '목자와 양'이다. 이런 패러다임은 예수님과 우리의 관계를 다양한 각도에서 조명한 것이다. 신앙의 단계가 아님을 명심해야 한다. 이중에서 주님과 가장 친밀한 관계를 나타내는 것은 바로 신랑과 신부의 패러다임이다

2. "아가"라는 뜻 : song of songs

1) 노래 중의 노래(1:1)

2) 솔로몬은 1,005개의 노래를 지음(왕상 4:32)

아가는 '아름다운 노래, 우아한 노래'라는 뜻이다. 솔로몬은 1,005개에 이르는 많은 노래를 지었다. 그 중에 하나가 아가이다. 히브리어 '쉬르 하쉬림' 하쉬림은 '노래'이다. 노래 중 으뜸 되는 노래, 최고의 노래가 아가이다. 아가의 저자가 솔로몬이라는 것을 부정하는 학자도 많고 솔로몬이 지은 것이 아니라 솔로몬에게 헌정된 시라고 주장하는 학자도 많다. 그러나 이는 크게 중요하지는 않다.

2. 성경의 3가지 입맞춤

1) 친구와 친구 : 뺨에 입맞춤 → 우정

2) 종과 주인 : 발에 입맞춤 → 주권, 복종

3) 신랑과 신부 연인에게 : 입술의 입맞춤 → 친밀함

이스라엘 문화에서 친구끼리는 뺨에 입을 맞추고 복종과 순종을 표현할 때는 발에 입을 맞춘다. 예수님 당시, 마리아는 '나는 전적으로 순종하는 당신의 종이다'라는 의미에서 예수님의 발에 입맞춤 하였다. 부부와 연인은 입맞춤한다.

3. 술람미 여인의 소원 : 거룩한 입맞춤

1) 거룩한 입맞춤: 연인으로서의 친밀함을 구하는 신부

솔로몬(쉘로모)은 '평강(샬롬)'을 의미한다. 솔로몬은 다윗의 아들로 40년간 통일 왕국을 다스렸다. 그는 통치 초기에 하나님께 일천번제를 드렸다. 그리고 하나님께 부귀, 영화가 아닌 '하나님의 음성을 듣는 마음'을 구하였다. 그는 하나님께 '여디디야(여호와께 사랑받는 자)' 라는 새 이름을 받기도 했다. 그러나 통치 말기에 갈수록 교만해지고, 타락하여 하나님의 마음을 아프게 했다.

솔로몬은 구속사 안에서 예수 그리스도의 모형이다. 예수님은 진정한 평강(샬롬)의 왕이시며, 하나님께 사랑받은 자(여디디야)이시다.

술람미(슐람미트)는 '쉘모르' 의 여성형으로 '솔로몬의 여인' 이란 뜻이다.

술람미 여인의 첫 고백이 '님이여 내게 입맞춰주소서'이다. 술람미 여인이 제일 먼저 구한 것은 연인인 솔로몬의(4-5장 결혼 전) 입맞춤이다. 한 번 생각해보라. 시골 소녀가 솔로몬 왕에게 요구할 것이 얼마나 많았겠는가? 그동안 누리지 못한 부귀영화나 혹은 금은보석을 구할 수 있었다. 그러나 그녀는 솔로몬에게 사랑의 입맞춤을 구한다.

왜 술람미는 연인인 솔로몬의 입맞춤을 구하고 있는가? 그것은 신랑의 사랑의 입맞춤이 이 세상의 어떤 포도주보다(히브리어, 미야인) 더 달콤하기(토빔) 때문이다. 우리 말 성경에는 없지만, 히브리어 원문을 보면 '왜냐하면'에 해당되는 '키'라는 접속사가 있다. 이것이 신부이다. 다른 말로 하면, 예수님의 사랑이 세상의 어떤 기쁨보다 더 귀한 것임을 알고, 그 사람을 사모하는 자이다.

달콤하다는 히브리어로 '토빔'이다. 이는 창1장의 하나님의 창조 사역에서 나온 말로, 하나님께서 창조한 피조물들을 보시며 보시기에 '좋았더라'라고 표현하셨을 때, 좋았더라(토브)와 같은 단어이다. '토브'는 단지 외형이 보기에 좋았더라는 것 이상의 의미이다. 이것은 하나님이 만드신 각

각의 피조물들이 자신들의 목적과 역할을 온전히 행하고 있을 때, 즉, 하나님의 목적과 계획에 일치하고 있을 때 하나님 보시기에 좋은 것(토브)이다. 술람미 여인은 신랑의 사랑의 입맞춤이 이 세상의 어떤 포도주보다 '토빔' 함을 고백하고 있는 것이다.

그리스도의 신부들이 하나님의 목적과 계획에 일치하여 하나님이 보시기에 좋은 살을 살려면 신랑 예수님과의 친밀한 교제와 사랑의 입맞춤이 없으면 안 된다. 신랑 예수님과의 달콤한 교제와 사귐은 토브의 삶을 위해서 필수이다.

스스로에게 질문해보기 바란다. 술람미 여인의 고백이 나의 고백이 되는가? 예수님의 입맞춤, 예수님과의 교제가 그 어떤 교제나 포도주보다 달콤한가? 깊다고 할 수 있는가? 나는 과연 어떤 고백을 하고 있는가? '입맞추다'는 히브리어로 '나샤크'이다. 이 문장에서 '나샤크'가 미완료형인(이샤케니) 바뀌어 사용되었다. 이는 신부가 계속해서 신랑의 입맞춤을 구하고 있는 간절함을 의미한다.

성경에서 주님의 신부들에게 요구하는 것은 하나이다. 그것은 전심으로 신랑을 사랑하는 것이다. 신부가 가장 먼저 구해야 하는 것은 능력이나 은사여서는 안 된다. 사랑, 입맞춤을 욕심내야 한다.

마 22:37

예수께서 가라사대 네 마음을 다하고 목숨을 다하고 뜻을 다하여 주 너의 하나님을 사

랑하라 하셨으니

신 30:6
네 하나님 여호와께서 네 마음과 네 자손의 마음에 할례를 베푸사 너로 마음을 다하며 성품을 다하여 네 하나님 여호와를 사랑하게 하사 너로 생명을 얻게 하실 것이며

2) 임의 사랑(도데카)

'임의 사랑이 포도주보다 더 합니다'에서 신랑의 사랑은 복수형 '도데카(사랑)'이다. 하나님의 사랑은 때로는 용서하는 사랑, 책임지는 사랑, 또 때로는 덮어주는 사랑, 징계의 매를 드는 사랑이다. 이렇듯 임의 사랑이 복수로 표현되는 것은 하나님의 사랑이 풍성함을 의미한다. 이렇게 풍성한 사랑인데 왜 계속 신랑과의 입맞춤을 구하는 것일까? 그것은 신랑과의 입맞춤이 황홀하여 잊지 못하기 때문이다.

3) 세상의 포도주보다 더 달콤한 신랑의 사랑

히브리들에게 포도주가 상징하는 바는 시편을 통해 알 수 있다. 시편 104편 15절에서 포도주는 "사람의 마음을 기쁘게 하는 포도주"이다. 사람을 즐겁게 기쁘게 해 주는 것의 대명사가 포도주이다.

신부는 이 땅의 그 어떤 포도주보다 신랑의 사랑이 더 달콤하다고 고백

한다. 신부는 사람들이 자신들을 기쁘게 하는 이 세상의 포도주 즉 돈, 명예, 섹스, 권세, 인기, 영광이 신랑과의 입맞춤에 비하면 아무것도 아니라고 말하고 있다. 아직 미성숙해도 이런 고백이 있는 자가 그리스도의 신부이다. '임의 사랑은 포도주보다 달콤합니다'

다윗은 하나님이 자신의 마음에 두신 기쁨을 이렇게 표현한다.

시 4:7

주께서 내 마음에 두신 기쁨은 곡식과 새 포도주의 풍성함보다 더합니다'

그렇다면 그리스도의 신부들이 세상에 있는 포도주를 기꺼이 버릴 수 있는 비결은 무엇일까? 죄에 대한 싸움은 아이러니하게도 죄를(세상의 포도주) 이기려고 해서는 이길 수 없다. 세상의 포도주를 거절하는 노력만으로 해결할 수 없다. 세상의 포도주를 이길 수 있는 유일한 방법은 그것보다 더 달콤한 신랑의 사랑을 맛보는 것이다. 예수님과의 친밀한 사랑이 주는 최고의 즐거움은 이 세상의 어떤 즐거움보다 더 강력하다.

마지막 때가 가까울수록 하나님과의 친밀함이 없으면 세상의 유혹을 이길 수 없다. 사단은 세상의 달콤한 포도주로 그리스도의 신부들을 끊임없이 유혹한다. 그러니 이 사랑으로 무장해야 한다.

4) 순종의 종류

① 두려움 때문에 하는 억지 순종: 율법주의

② 복 받기 위한 순종: 기복신앙

③ 사랑 때문에 드리는 사랑의 순종

신부된 교회(성도)가 신랑에게 드리는 순종에도 3종류가 있다.

첫째는 신랑을 향한 두려움 때문에 하는 억지 순종이다. 이는 율법주의에 기초한 것이다. 신랑 예수님에 대한 무지와 오해에서 비롯된다. 주변에 믿음 생활하시는 분들 중에 의외로 많다. 이런 신앙은 복음의 자유를 누리지 못하고, 늘 불안하며 하나님께 인정받기 위해 노력한다. 그러다가 자신의 연약함이 발견되면 절망하고 하나님을 가까이하지 못하고 두려워한다.

둘째로, 복을 받기 위해 하는 순종이다. 이것은 기복주의 신앙이다. 물론 복 자체는 하나님이 주시는 선물이며, 하나님 또한, 주시기를 원하신다. 그러나 하나님을 복을 주시는 분으로만 여기고, 신앙을 복 받는 수단으로 인식한다. 복을 위해 하나님께 순종하는 것은 하나님을 수단으로 여기는 것이다.

셋째로, 신랑이신 주님을 사랑해서 드리는 자발적 순종이다. 이것은 신랑이 두려워서 하는 율법주의적 순종도 아니고, 복을 목적으로 하는 기복주의 순종도 아니다. 그저 신랑이 좋아서, 신랑 자체가 목적이라서 드리는 사랑에 기초한 순종이다.

그렇다면 신랑이신 주님은 어떤 순종을 원하시겠는가? 그리고 내가 드리는 순종은 어떤 종류의 순종인가?

마지막 때일수록 적그리스도를 이길 수 있는 방법은 목숨을 버릴 수 있을 만큼 신랑의 달콤한 사랑에 빠지는 것이다. 그 사랑 외에는 마지막 시대의 배도를 이길 방법이 없다. 신부된 성도들은 아8장에서 많은 물로도 끄지 못하고, 홍수도 삼키지 못할 사랑의 불을 달라고 기도해야 한다.

스스로 죄를 이기려고 해서는 포도주(죄)를 놓을 수 없다. 더 맛있는 것이 있으면 저절로 놓을 수 있다. 죄는 버리라고 해서 버려지는 것이 아니다. 입맞춤이라는 더 큰 달콤함이 눈에 들어와야 저절로 놓아진다.

여기서 스스로를 돌아보았으면 좋겠다. 나는 예수님께 무엇을 가장 먼저, 가장 많이 기도하고 있는가? 신랑 예수의 사랑의 입맞춤을 구하고 있는가? 아니면 세상 포도주를 가장 먼저, 많이 구하고 있는가?

신앙의 본질은 사역이 아니다. 주님과의 사랑의 교제이다. 신부가 가장 행복을 느낄 때는 신랑이 주는 선물이 아니라 신랑 그 자체이다. 오늘날 현대 교회 신자들이 해야 하는 싸움은, 하나님만을 전심으로 사랑하라는 첫째 계명이다. 이 계명이 인생의 첫 번째 자리에 오는 싸움이 필요한 시대이다.

4) 신랑과의 입맞춤의 통로

① 하나님의 말씀과 기도

신랑과의 입맞춤의 통로는 무엇인가? 신랑의 친밀함과 사랑이 가장 깊이 부어지는 통로는 하나님의 말씀이다. 신부는 신랑과 말씀으로 교제하고 입 맞춘다. 나에게 하나님의 말씀이 들리고 인격적으로 다가온 경험이 있는가? 하나님의 말씀이 살아 움직여 내게 개인적으로, 실제적으로 말씀하신 경험이 있는가?

또한, 기도는 신랑의 입맞춤이 부어지는 강력한 시간이다. 특히 개인적 기도시간이 중요하다. 신랑과 단둘이 만나는 은밀한 시간과 장소가 필요하다. 기도는 내 소원을 말하는 것 이전에, 신랑과 교제하는 독대의 시간이다. 나는 이런 은밀한 기도가 있는가?

② 예배가운데 임재하시는 입맞춤

또한, 공동체와 함께 드리는 예배에 신랑의 입맞춤이 부어진다. 예배는 신랑의 임재가 가장 강력하게 부어지는 시간과 공간이다. 공동체의 예배를 소홀히 여기지 마라.

③ 섬김의 자리

신랑이 입맞춤이 부어지는 것은 섬김의 자리이다. 신부가 자신보다 더 어린 신부들을, 양 떼들을 겸손과 온유로, 사랑과 낮아짐으로 섬길 때 신랑의 사랑의 입맞춤이 부어진다.

5) 인클루지오(inclusio) 구조

아가서 1장과 8장은 인클루지오(편지봉투, 수미쌍괄식) 구조이다. 1장에서는 사랑의 입맞춤을, 8장에서는 사랑의 불을 구한다. 앞뒤가 같은 내용으로 쓰였다.

제2강

친밀함이 부어지면 터져 나오는 고백 (1:2-3)

나에게 입맞춰 주세요. 숨막힐 듯한 임의 입술로. 임의 사랑은 포도주보다 더 달콤합니다 네 기름이 향기로와 아름답고 네 이름이 쏟은 향기름 같으므로 처녀들이 너를 사랑하는구나

1. 사랑의 순환 과정을 이해하라.

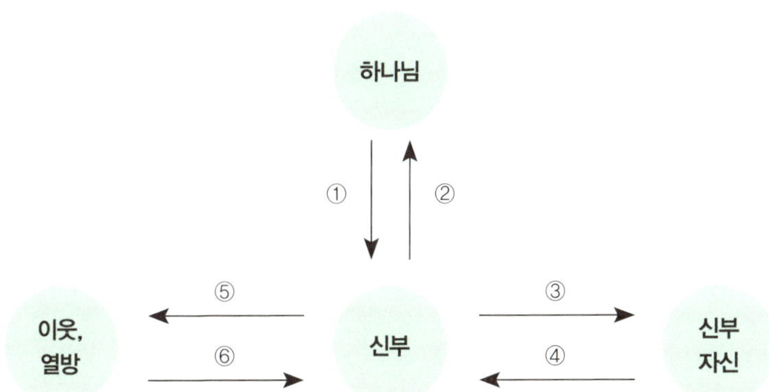

1) 우리를 향한 하나님의 사랑이 먼저 부어졌다.

요일 4:10

사랑은 여기 있으니 우리가 하나님을 사랑한 것이 아니요 오직 하나님이 우리를 사랑하사 우리 죄를 위하여 화목제로 그 아들을 보내셨음이니라

2) 하나님을 향한 우리의 사랑을 올려드리는 것

3) 하나님의 관점과 사랑 안에서 내 자신을 용납하고 사랑하는 것

4) 이런 사랑이 충만해지면 이웃에게로 흘러나가게 된다.

5) 이웃의 사랑을 받아 다시 하나님께로 올려드리는 것

사랑의 순환의 첫 번째는 신랑이신 주님이 먼저 사랑을 신부에게 쏟아 부어준다(①번). 신부 쪽에서 먼저 사랑을 드리는 법은 없다. 요한1서 4장 10절 "사랑은 여기 있으니 우리가 하나님을 사랑한 것이 아니요 하나님이 우리를 사랑하사 우리 죄를 속하기 위하여 화목제물로 그 아들을 보내셨음이라." 인간인 우리에게는 사랑이 존재하지 않는다. 먼저 외부에서 들어와야 한다. 사랑은 하나님께만 속해있는 것이고 그렇기 때문에 하나님이 먼저 우리를 사랑하셨다.

이렇게 받은 사랑을 신부는 다시 하나님께 올려 드려야 한다(②번). 사랑의 입맞춤을 통해 주고받는 사랑이 자꾸 커지다 보면 그 사랑이 내 자신

에게 흘러들어와서 나를 바꾸고, 열방에게 흘려나가 열방을 바꾼다.

그러나 하나님께 올려 드리는 사랑(②번) 없이 ③번 ④번 사랑으로, 열방을 바꾸려는 사람이 많다. 아니다. 조심해야 한다. 하나님의 사랑을 먼저 받고, 다시 그 사랑을 하나님께 올려 드려야 한다.

2) 신랑의 향기에 빠진 신부 (3절)

임에게서 풍기는 향긋한 내음 사람들은 임을 쏟아지는 향기름이라고 부릅니다. 그러기에 아가씨들은 임을 사랑할 수밖에 없습니다.

예수님에게 빠질 수밖에 없는 이유가 있다. 신랑 예수에게는 세상에 없는 향기가 있기 때문이다. 술람미는 자신뿐만 아니라 이 향기를 맡은 예루살렘의 아가씨들은 신랑의 향기에 반하지 않을 수 없다고 고백한다.

신부가 반한 신랑의 향기는 이 세상의 향이 아니다. 그 향기는 신랑의 성품과 사랑이다. 마11장에 나타난 예수님의 성품은 온유와 겸손이다.

3) 신랑의 포도주와 향을 그대로 담아내고 본받고 있는 신부 (4장 9-11절)

반면 아4장 9절–11절에서 솔로몬은 술람미 여인에게 '내 누이 내 신부야 네가 내 마음을 빼앗았구나. 한 번 보는 것으로 내 마음을 빼앗았구나.' 라고 말한다. 이번에는 신랑이 신부의 향기에 마음을 빼앗긴다.

4:10-11절에서 신랑은 “네 사랑은 포도주보다 진하고 네 기름의 향기는 각양 향품보다 향기롭구나.”라고 신부를 칭찬하신다. 아1: 2-3에서 신부가 한 고백을 아4장에서는 신랑이 하고 있다.

신랑이 부어준 포도주와 향기 안에 오랫동안 머물자 신부는 거꾸로 신랑에게 아름다운 향기를 뿜어내고 있다. 신부의 뼛속까지 신랑의 향기가 배어 신부에게도 그 향기가 뿜어져 나온다. 이런 신부의 향기가 신랑에게는 더 달콤하다. 오랜 시간 예수 그리스도의 임재 가운데 머무는 시간이 쌓이고 쌓인 결과이다. 신랑이신 그리스도는 이처럼 향기를 뿜어낼 신부를 찾고 계신다. 신부인 성도가 뿜어내야 하는 향은 무엇인가?

오늘도 신랑이신 예수님은 ‘내 마음을 홀딱 빼앗을 신부는 없는가? 누가 내 마음을 훔칠 사람이 없겠는가?’라고 말씀하신다. 신랑은 신랑이 주는 선물에 눈독 들이는 신부에게는 마음을 빼앗기지 않는다. 신랑 그 자체를 사랑하는 자에게 마음을 빼앗긴다.

제3강

신부의 2가지 비전과 2가지 정체성 (1:4~5)

(여자) 나를 데려가 주세요. 어서요. 임금님. 나를 데려가세요. 임의 침실로.

(친구들) 우리는 임과 더불어 기뻐하고 즐거워하며, 포도주보다 더 진한 임의 사랑을 기다리렵니다. 아가씨라면 누구나 임을 사랑할 것입니다.

(여자) 예루살렘의 아가씨들아, 내가 검어서 예쁘단다. 게달의 장막 같고 솔로몬의 휘장 같다는구나

1. 신부의 2가지 비전

1) 신랑의 침실로 이끌려가는 것(모쉬케니) : 신랑 예수님과의 친밀함을 추구함

2) 신랑이신 예수님과 함께 달려가는 것(나루차) : 신랑 예수님의 사역에 동참함

아가서는 두 가지 비전을 선포하고 있다. 명심할 것은 이 두 가지 비전의 순서가 바뀌어서는 안 된다.

첫째로, 술람미 여인은 솔로몬에게 왕의 침실(헤테르, 내실, 부부가 거하는

곳)로 데려가 달라고 청한다. 왕의 침실을 곧 성막(전)으로 따지면, 하나님의 임재 장소인 지성소이다. 신랑의 임재의 가장 깊고 은밀한 곳인 '헤테르'로 이끌려 들어가고 싶은 마음이 신부의 첫 번째 비전이다. 깊은 침실로 이끌려가서 그분 한 분만이 목적이 되는 삶을 사는 것이다.

두 번째로, 신랑의 마음 한복판, 지성소에 들어가서 신랑이 깊은 마음을 본 신부는 비전이 생긴다. 바로 사도행전 1장 8절의 비전이다. "오직 성령이 너희에게 임하시면 너희가 권능을 받고 예루살렘과 온 유대와 사마리아와 땅 끝까지 이르러 내 증인이 되리라."

왕의 마음 중심에 들어가면, 사명을 안고 나오게 된다. 신부는 더 이상 자신만의 행복만을 추구하는 이기적 삶을 살 수 없게 된다. 사도행전의 표현처럼 '땅 끝까지 이르러 주님의 증인'으로 살겠다는 비전을 가지고 나올 수밖에 없다. '달려가리라'라는 히브리어로 '나루차'로서 미완료형이다. 이는 계속해서 달려갈 것을 의미한다.

사무엘상에 나오는 한나는 자신의 아픔으로 인해 기도하다가, 나보다 더 큰 아픔을 가진 하나님과 마음이 통해서 나왔다. 신부는 사무엘상 1장 15절 "여호와 앞에 내 심정을 통한 것뿐이오니"라고 고백할 수 있어야 한다. 이러한 기도의 깊이를 경험해야 한다.

내 문제로 기도하다가 더 큰 상처를 가진 하나님의 마음을 읽고 나오는 것이 중보자이다. 아버지의 마음에 동참하는 것을 중보자라고 한다.

첫 번째 비전(임재로 이끌림)과 두 번째 비전(동역)의 순서가 바뀌어서는 안 된다. 첫 번째의 힘으로 두 번째를 감당해야 한다. 두 번째만 커지면 반드시 지치게 되어 있다. 두 번째 비전은 첫 번째가 튼튼할 때 하나님이 알아서 키워 주신다.

2. 예수님의 삶

1) 하나님과의 친밀한 교제와 사귐

2) 하나님과 함께 하는 사역

예수님은 철저하게 하나님께 이끌림 받기 위해 늘 겟세마네 동산에서 기도하셨다. 주님은 늘 하나님 아버지와 교제하셨고, 이 교제의 시간과 장소를 한순간도 소홀히 여기지 않으셨다. 주님의 사역의 원동력은 겟세마네 동산에서의 기도였다. 이 기도를 통한 하나님과의 친밀한 교제와 사귐이었다. 그리고 난 후 낮에는 수많은 사람을 만나시고, 병을 고치시며, 귀신을 내쫓고, 말씀을 전하셨다. 즉, 사랑의 교제가 사역보다 늘 우선순위에 있었다.

3. 친밀한 사랑의 교제의 결과

1) 즐거움, 기쁨이 임함

2) 하나님의 사랑에 매료됨

3) 하나님의 마음과 계획을 보게 되고, 동역하게 됨

신랑과 깊은 친밀함을 누리는 신부는 점점 신랑의 아픔, 기쁨, 슬픔을, 다시 말해 신랑의 마음과 계획을 다 나누고 함께 하고 싶어 한다. 이것을 신부의 비전이라고 한다. 자기 꿈을 펼치는 것은 내 꿈, 내 드림이지만, 하나님의 마음을 보는 것은 비전이다.

4. 신부의 2가지 정체성(5절)

1) 검으나(쉐호라) : 신부 안에 있는 연약함, 죄성, 자아, 상처

(여자) 예루살렘의 아가씨들아, 내가 검으나 예쁘단다. 게달의 장막 같고 솔로몬의 휘장 같다는구나

개역개정은 '검으나 예쁘단다'라고 번역했다. 개역성경에서 '검어서 예쁘단다'라고 한 것보다 적합한 해석으로 보인다. 게달은 실존 인물로 이스

마엘의 아들이다. 게달의 후손은 베두인으로 유목민이다. 게달은 '거무스레한, 가무잡잡한'이라는 뜻이다.

술람미 여인은 자신이 검다는 것을 안다. 신부인 성도들은 자신이 얼마나 큰 죄인인지, 자신 안에 하나님이 기뻐하시는 의가 없음을 고백하는 자들이다. 신부의 정체성의 첫 번째가 바로 이 죄인 됨에 대한 항복이다. 내가 검은 데서 출발한 것을 알기 때문에 타락을 경계한다.

렘 17: 9

만물보다 더 거짓되고 아주 썩은 것은 사람의 마음이니, 누가 그 속을 알 수 있습니까?

딤전 1:15

그리스도 예수께서 죄인을 구원하시려고 세상에 오셨다고 하는 이 말씀은 믿음직하고, 모든 사람이 받아들일 만한 말씀입니다. 나는 죄인의 우두머리입니다.

2) 그러나 아름답다(웨나와)

: 하나님의 눈에는 아름답다. 신랑의 눈에는 아름답다.

: 하나님께 신부가 아름답게 보이는 이유

: 예수님의 의로움의 옷을 선물로 받아 입고 있기 때문에

: 하나님의 본질적 사랑 때문에

→ "아름다움이란 바라보는 자의 눈에 달렸다."

: 온전할 신부의 운명의 관점에서 보시기 때문에

신부는 자신이 검은 것을 인정하지만, 또한, 자신이 아름답다는 것을 깨닫는다. 검다는 자책과 정죄감에 빠져있던 술람미 여인이 어떻게 자신이 아름다운 여인이라는 정체성이 생긴 건가? 그것은 바로 신랑의 지속적인 사랑의 입맞춤과 친밀한 교제 때문이다. 신랑의 사랑이 이 여인의 정체성을 바꾼 것이다.

그리스도의 신부에게 반드시 있어야 할 정체성이다. 예수님의 십자가의 피로 인해 정결케 된 존재요, 예수의 의로 인해 의롭게 된 존재요, 하나님 아버지에게 아들(딸로)로 인정된 존재요, 신랑의 눈에는 아름다운 존재이다.

검지만 아름답다는 정체성이 생긴 신부는 과감한 입맞춤을 넘어 왕의 비밀 장소 '헤테르'로 이끌어 달라고 요청한다. 침실에서 오직 둘만 있도록 술람미 여인은 여호와의 얼굴만 구한다. 마치 다윗이 여호와의 얼굴만을 구한 것처럼 말이다. 왕의 마음을 알고 교제하고 싶어 한다.

밤새 신랑의 침실에서 깊은 사랑을 나누자 신부에게 두 가지 혁명적 변화가 온다.

첫째로, 나는 검다는 평생의 자기 열등감이 사라진다. 평생 자격지심과 상처로 찌그러지고 왜곡된 인생을 살아왔다. 그런 그녀가 '검으나' 아름답다고 자신을 인정하고 스스로 말한다. 처음부터 그녀가 자신을 이렇게 본 것이 아니다. 밤새도록 왕의 침실에서 나눈 사랑이 그녀가 얼마나 존귀한 여인인지를 깨닫게 해 준 것이다. 그녀가 검은 것은 사실이다. 이것은 변하지 않는 사실이지만, 그녀가 평생 한 번도 갖지 않았던 시각을 갖게 된다.

둘째로, 솔로몬이 사랑이 너무 강력하게 부어지니 자신이 아름다워 보이기 시작한다. 아름다운 여자라는 정체성이 생긴다.

그렇다. 신랑 예수의 사랑이 나에게 강력하게 부어지면, 나를 보는 시각이, 나의 존재감이, 나의 정체성이 바뀌기 시작한다. 당신은 예수 안에서 얼마나 아름다운 존재인지 아는가? 사람들의 평가에 주눅 들지 않고 당당히 바라볼 수 있는가?

5. 두 가지 정체성의 조화와 균형

1) 지나치게 검은 것을 강조하는 흐름 : 정죄감, 수치감

검은 것과 아름다운 것 사이에는 반드시 신학적 균형이 필요하다. 검다는 것은 사람의 죄성을 의미한다고 볼 수 있다. 신앙은 이런 자기인식과 회개로부터 시작한다. 그러나 너무 자기 죄성에만 머물러 있어서는 안 된다. 내가 죄인이라는 자각이 신앙의 첫걸음이지만 신랑 예수의 사랑을 통해 변화된 정체성 즉, 내 자신이 아름답다는 것을 받아들이고 새로운 정체성을 확립해야 한다.

2) 지나치게 아름다움을 강조하는 흐름 : 교만으로 흘러갈 가능성

신부는 검은 나를 당신의 의로 의롭게 하시고, 아름답다고 하시는 신랑 예수의 은혜를 놓치지 말아야 한다. 그리고 중요한 것은 신랑의 은혜를 놓치고 아름다움에만 치우친 나머지 자신이 검은 것에서 출발했다는 것을 잊지 말아야 한다는 것이다. 신부는 존귀하고 아름다운 존재이지만 신랑 예수의 은혜가 아니면 '검으나'에서 끝나기 때문이다.

이런 두 가지 신부의 정체성은 균형을 이루어야 한다. 죄인 됨(검으나)을 지나치게 가볍게 보고 십자가에서 용서받았다는 사실만 강조하는 것도 위험하다. 반면, 자신이 검은 존재였다는 것에 대한 철저한 자각 없이 아름다움만을 지나치게 강조하는 것도 위험하다.

따라서 '검으나 아름답다'라는 균형을 잡는 것이 신학적으로 무척 중요하다. 내가 죄인이라는 사실을 철저히 인정하고 예수님을 통해 나를 의인으로 만들어 주신 은혜에 대한 감사도 동일하게 붙잡아 균형을 이루고 있어야 한다. 술람미의 고백은 균형이 있다. 나는 이 두 가지 정체성이 균형 잡혀 있는가?

제4강

친밀함의 방해물과 회복을 위한 몸부림 (1:5~11)

(여자) 예루살렘의 아가씨들아, 내가 검어서 예쁘단다. 게달의 장막 같고 솔로몬의 휘장 같다는구나 내가 검다고, 내가 햇볕에 그을렸다고, 나를 깔보지 말아라. 오빠들 성화에 못 이겨서, 나의 포도원은 버려 둔 채, 오빠들의 포도원들을 돌보느라고 이렇게 된 것이다. 사랑하는 그대여, 나에게 말하여 주세요. 임은 어디에서 양 떼를 치고 있습니까? 대낮에는 어디에서 양 떼를 쉬게 합니까? 양 떼를 치는 임의 동무들을 따라다니며, 임이 있는 곳을 물으며 헤매란 말입니까?(어찌 얼굴을 가린 자처럼 되랴?)

(친구들) 여인들 가운데서도 빼어나게 아리따운 여인아, 네가 정말 모르겠거든, 양 떼의 발자취를 따라가거라. 양치기들이 장막을 친 곳이 나오거든, 그 곁에서 너의 어린 염소 떼를 치며 기다려 보아라.

(남자) 나의 사랑 그대는 바로의 병거를 끄는 날랜 말과도 같소. 땋은 머리채가 흘러내린 임의 두 볼이 귀엽고, 구슬목걸이 감긴 임의 목이 아름답소.

(친구들) 금사슬에 은구슬을 박은 귀고리를 우리가 너에게 만들어 주마.

1. 어머니의 아들들의 멸시

1) 어머니 : 교회를 상징

2) 어머니의 아들들 : 종교지도자들 또는 가까운 사람들

기독교의 전통에서 보면 어머니는 전통적으로 교회를 상징하는 단어이다. 술람미 여인을 자신들의 포도원에 일하라고 보낸 어머니의 아들들(오빠들)이 누구인가? 혹자는 친오빠들, 혹자는 이복 오빠들이라고 한다. 그러나 중요한 것은 이들이 술람미 여인을 힘들게 하고 괴롭히는 방해꾼으로 등장한다는 것이다. 이렇게 봤을 때, 이들은 율법주의자를 상징한다고 보아야 한다. 신약의 복음서에서 바리새인과 같은 종교지도자들이 예수님과 예수님의 신부들을 얼마나 핍박했는지 알면 이해된다. 오빠들이 나에게 '노하여(성화에 못 이겨서)' 에서 '노하다'는 히브리어 '니하루'로, 분노하다는 의미이다.

그렇다. 주님의 신실한 신부들(성도)을 보면 사탄은 그냥 두지 않는다. 무너트리기 위해 공격한다. 어미의 아들들은 술람미 여인의 오빠들이다. 이 오빠들이 술람미 여인을 그들의 포도원으로 몰아냈다. 그래서 술람미 여인은 자신의 포도원(케렘), '나의 포도원(카르미)조차 돌 볼 시간이 없었다.

이것은 그리스도의 신부를 향한 종교지도자들의 핍박과 압력을 상징한다. 신랑의 사랑과 기름 부으심을 받고 있는 신부에 대한 시기와 질투, 무시로 인한 공격이다. 이들은 자신들의 전통과 틀, 예전 방식을 고집하고, 복음이라는 새 술을 거부하는 사람들이다. 어린 신부에게 자신들의 전통과 낡은 방식을 따르도록 압력을 행사한다.

2. 자신의 포도원을 지키지 못한 신부의 자책(6절)

1) 포도원 : 어린 신부의 마음과 삶, 주님의 임재의 자리와 시간

2) 예수님과의 친밀한 교제로 가꾸어야 할 마음을 과도한 사역, 일상, 분주한 마음, 주변의 압력으로 지키지 못했다는 자책감.

술람미는 오빠들의 포도원을 돌보느라 피부마저 검어졌다. 왜 오빠들은 동생을 혹사 시키는가? 술람미 여인은 신랑 예수와 깊은 사랑을 나누는 신부(성도)이다. 이 신부가 신랑과의 깊은 교제의 자리를 떠나도록 이탈시키기 위해서이다. 따라서 이들은 사랑과 사귐의 침실에서 신부를 이탈시키는 세력을 상징한다. 현실적으로 적용하자면 지나친 사역일 수도 있고, 바쁜 스케줄일 수도 있다. 오빠는 율법주의자나 종교주의자를 칭한다. 복음서에서 마리아가 평생 모은 돈으로 향유옥합을 사서 예수님께 예배하는 모습을 율법적으로 비난하고 있는 세력과 동일한 집단이다.

이 여인은 오빠들의 포도원을 돌보느라 정작 신랑이 맡긴 나의 포도원은 다른 사람의 요구에 이끌려 엉망이 되었다. 포도원은 내 마음의 정원이자, 신랑과 함께 하는 교제의 장소이다.

그렇다. 그리스도의 신부들은 여러 가지 이유로 인해 자신에게 허락하신 자신의 포도원 즉, 자신의 인생, 마음, 자신의 가정과 가족을 방치한다. 그래서 막상 자신의 포도원이 얼마나 망가져 있는지 모른다. 신부들은 남의 포도원을 사역하기 전에 자신의 포도원을 먼저 돌보고 가꾸어야 한다. 다행히 아2장에서 신랑이 망가진 술람미 여인의 포도원을 회복시킨다. 나의 포도원은 어떠한가?

3. 친밀함을 잃어버린 신부의 상태(7절) : 얼굴을 가린 자

(내 마음으로) 사랑하는 그대여, 나에게 말하여 주세요. 임은 어디에서 양 떼를 치고 있습니까? 대낮에는 어디에서 양 떼를 쉬게 합니까? 양 떼를 치는 임의 동무들을 따라다니며, 임이 있는 곳을 물으며 헤매란 말입니까? (어찌 얼굴을 가린 자처럼 되랴?)

1) 내 마음에 사랑하는 자

신부는 신랑을 '내 마음으로 사랑하는 자'라고 부른다. 사랑은 마음에서부터 시작된다. 신부는 오빠들의 포도원을 돌보느라고 신랑의 임재와 자신의 삶이라는 포도원을 소홀히 했다. 그래서 신부는 다시 신랑을 찾아 나선다. 그런데 신랑이 어디 있는지 알 수가 없어서 탄식한다.

2) 얼굴을 가린 자

술람미 여인은 신랑에게 자신이 신랑을 찾아다니느라 '어찌 얼굴을 가리운 자가 되랴'라고 말한다. 중동 지역의 여인들이 천이나 너울로 얼굴을 가리는 것은 흔한 일이다. 그러나 가끔 너울로 얼굴을 가리고 목동들을 유혹했던 창녀들도 있었다. 마치 시아버지 유다를 유혹한다는 말처럼 말이다(창38:15). 당시의 문화에서는 여자가 남자를 찾아다니는 것은 부끄러운 일이었다.

4. 예수님과의 친밀한 사랑을 회복하려는 신부의 기도 (7절)

그럼에도 불구하고 그녀는 솔로몬을 찾아 나선다. 자신이 무엇을 놓치고 있었는지 깨달았기 때문이다. 그리스도의 신부들도 마찬가지이다. 삶이 황폐화되고 있음을 깨달았다면 즉시 신랑이신 주님을 찾아야 한다. 그녀가 연인인 솔로몬을 만날 수 있는 곳은 어디인가? 신부가 어디에서 신랑 예수를 만날 수 있나?

1) 양 떼를 치시는 곳을 말해주세요

신부는 신랑이 양 치는 곳이 어디인지 알려달라고 한다. 술람미 여인은 신랑이 양 치는 곳에 있다는 것을 안다. 그렇다. 예수님은 항상 양이 있는 곳에 계신다. 그곳에서 양을 먹이고 계신다. 주님이 어디 계시는지 알고 싶으면 영혼이 있는 곳으로 가면 된다.

2) 양 떼를 정오에 쉬게 하는 목자

신랑은 가장 뜨거운 정오에 양 떼를 쉬게 하시는 분이시다. 정오는 신부들의 인생에 가장 힘든 시기를 의미한다. 신랑 예수는 신부들의 인생의 고비 고비마다 안식과 쉼을 주시는 분이시다. 양띠가 있고 그럼에도 불구하고 쉴 수 있는 장막이 있는 곳이 예수님이 계신 곳이다

5. 여인 중에 가장 어여쁜 자여!

예루살렘의 딸들과 솔로몬은 7가지 선언으로 신랑을 찾느라 지친 술람미 여인을 회복시킨다. 첫 번째는 '여인 중에 가장 어여쁜 자'라는 선언이다.

어린 신부는 오빠들의 멸시와 압박에 한껏 위축되었다. 또한, 어린신부는 자기 포도원을 지키지 못했다는 스스로의 자책으로 괴로워한다. 괴로워하는 어린 신부를 향해 "여인 중에 가장 어여쁜 자"라는 선언은 자책감

에 시달리는 어린 신부의 존재감을 회복시킨다. 비록 아직은 많은 실수와 넘어짐이 있더라도 어린 신부의 중심에 신랑을 향한 사랑이 있기 때문에 그녀는 아름다운 자이다.

6. 회복을 위한 3가지 비결

(친구들) 여인들 가운데서도 빼어나게 아리따운 여인아, 네가 정말 모르겠거든, 양 떼의 발자취를 따라가거라. 양치기들이 장막을 친 곳이 나오거든, 그 곁에서 너의 어린 염소 떼를 치며 기다려 보아라.

1) 양 떼의 발자취를 따라가라

① 양 떼 가운데 머무르라

② 영적 고립을 조심하라

③ 그리스도의 몸, 교회 공동체의 교제 가운데 속하라

예루살렘의 딸들은 신랑을 찾아 나선, 지친 신부에게 신랑이 찾을 수 있는 길을 제안한다, 지친 신부가 영적으로 회복하는 첫 번째 방법은 양 떼의 발자취를 따라가는 것이다. 주님을 따르는 신실한 양 무리에 속하여 그들과 함께 하는 것이다.

영적 고립주의는 위험하다. 신자는 양 떼들에게 소속되어야 한다. 믿음의 공동체에 들어오는 것이 중요하다. 예루살렘의 딸들은 여인 중에 아름다운 여인인 술람미에게 신랑을 찾으려면 양 떼의 발자취를 따라가라고 한다. 왜냐하면, 예수님은 양 떼를 인도하고 계시기 때문이다.

2) 목자들의 장막 곁에서

① 목자의 권위에 순복하라.

② 영적 권위에 순복하라.

지친 신부가 영적으로 회복할 수 있는 두 번째 방법은 목자의 장막 곁에 머물러야 한다. 이것은 하나님이 세우신 영적 권위 안에 순종해야 함을 의미한다. 하나님이 내게 주신 리더들이 있다. 그들은 위의 권위이다. 특히 영적인 지도자들의 권위에 순복해야 한다.

3) 염소새끼를 먹일지니라.

① 나보다 약한 어린 새끼염소를 먹이고 돌봄

② 영적인 이기주의를 조심해라.

③ 영적인 법칙 : 나눌 때 풍성해진다.

지친 신부가 영적으로 회복할 수 있는 세 번째 방법은 어린 염소 새끼를 먹이는 것이다. 어린 염소 새끼는 나보다 더 연약한 자들을 의미한다. 아이러니하게 들릴 수 있지만, 영적 침체에서 벗어나는 방법 중에 하나는 나보다 더 연약한 영혼들을 섬길 때이다. 그때 놀랍게도 회복이 일어난다.

삼상 22장 1절을 보면, 사울을 피해 도망하던 다윗은 아둘람 굴속으로 숨는다. 이때 많은 사람이 다윗이 머물고 있는 아둘람 굴에 몰린다. 그들은 모두 환란과 고통을 당한 자, 빚진 자, 원통한 자들이다. 10년이 넘은 세월을 사울을 피해 도피하느라 지치고 지친 다윗에게 하나님은 다윗보다 더 연약한 사람들, 400명을 붙이신다. 다윗은 삶의 환란을 겪은 400명의 사람과 함께 지내게 되면서 많이 힘들었겠지만 반면에 이것은 또한, 다윗 자신이 사는 길이기도 했다.

그렇다. 나보다 더 어리고 연약한 자들(염소 새끼)을 살리려고 몸부림치면서 나도 살아난다. 그렇게 몸부림치다가 신랑을 만난다. 남을 살리고자 할 때 사실은 나도 살아난다.

4) 영적 회복을 방해하는 3가지 유혹

① 그리스도의 몸인 교회를 떠나 영적으로 고립하라.

② 나만의 만족을 추구하라.

③ 하나님이 세우신 권위를 인정치 말라.

영적 회복을 방해하는 세 가지는 영적 회복의 세 가지 방법과 정반대이다. 첫째, 영적 고립주의, 둘째, 나도 힘든데 나나 만족하자는 태도이다. 또 세 번째는 목자의 권위를 무시하는 것이다.

5) 술람미 여인을 향한 신랑의 세 가지 선언(비유)

① 바로의 병거를 끄는 준마

(남자) 나의 사랑 그대는 바로의 병거를 끄는 날랜 말과도 같소.
땋은 머리채가 흘러내린 임의 두 볼이 귀엽고, 구슬목걸이 감긴 임의 목이 아름답소.
(친구들) 금 사슬에 은구슬을 박은 귀고리를 우리가 너에게 만들어 주마.

가. 세상에서 가장 잘 훈련된 말로써 힘을 상징함

나. 신부는 신랑의 나라를 세울 이 세상에서 가장 강력한 힘과 능력을 지닌 자이다.

다. 바로의 가장 소중한 보배처럼 신랑께 보배 같은 존재이다.

솔로몬 왕은 자신을 찾아온 술람이 여인을 기쁨으로 맞이하여 그녀를 세 가지로 칭찬한다. 아마 술람미 여인이 자기를 찾으러 다닌 것을 지켜보고 있었을 것이다. 그리고 자신을 향한 신부의 마음과 자세를 보고 3가지 칭찬과 선언을 한다.

첫 번째로, 솔로몬은 술람미 여인을 바로 황제의 마차를 끄는 준마라고 칭찬한다. 바로 황제의 마차를 끄는 말은 가장 지구력이 강하고 잘 훈련된 준마이다.

신부를 준마로 비유한 것은 신부에게 오직 신랑만을 추구하는 내적인 강렬한 불이 있음을 의미하기 위해서이다. 내면의 추진력과 열망이야말로 그녀를 신랑에게 이끄는 힘이다. 그래서 준마라고 부른 것이다.

② 두 뺨은 땋은 머리채로 아름답구나

(남자) 나의 사랑 그대는 바로의 병거를 끄는 날랜 말과도 같소.
땋은 머리채가 흘러내린 임의 두 볼이 귀엽고, 구슬목걸이 감긴 임의 목이 아름답소.
(친구들) 금 사슬에 은구슬을 박은 귀고리를 우리가 너에게 만들어 주마.

가. 뺨은 사람의 감정을 표현하는 곳[4]

나. 그 신부의 얼굴이 하나님의 사랑을 드러내는 얼굴이 될 것을 선언하심

뺨에 땋은 머리채는 신부의 아름다움을 상징한다. 뺨은 신부의 감정이 드러나는 곳으로, 발그레한 사랑이 나타난 뺨을 칭찬한다.

③ 구슬감긴 목이 아름답소

뺨이 신부의 사랑을 의미하듯이, 목은 신부의 의지를 상징한다. 구슬목걸이가 걸린 신부의 목은 신랑을 향한 신부의 의지를 굳건함을 칭찬하신 것이다.

④ 금 사슬에 은구슬을 박은 귀고리

(남자) 나의 사랑 그대는 바로의 병거를 끄는 날랜 말과도 같소.
땋은 머리채가 흘러내린 임의 두 볼이 귀엽고, 구슬목걸이 감긴 임의 목이 아름답소.
(친구들) 금 사슬에 은구슬을 박은 귀고리를 우리가 너에게 만들어 주마.

예루살렘 딸들은 술람미 여인에게 금 사슬에 은구슬을 박은 귀고리를 선물하겠다고 한다. 귀걸이는 신부가 신랑의 음성을 듣는 자임을 상징한다. 금과 은으로 장식된 귀고리는 정금 같은 믿음으로, 신랑의 음성을 듣는 변함없는 순종의 사람을 상징한다.

제5강

신랑과 신부의 사랑고백 (1:12~17)

(여자) 임금님이 침대에 누우셨을 때에, 나의 나도 기름이 향기를 내뿜었어요.

사랑하는 그이는 나에게 가슴에 품은 향주머니라오.

사랑하는 그이는 나에게 엔게디 포도원의 고벨 꽃송이라오.

(남자) 아름다워라, 나의 사랑. 아름다워라, 비둘기 같은 그 눈동자.

(여자) 나의 사랑, 멋있어라. 나를 이렇게 황홀하게 하시는 그대! 우리의 침실은 푸른 풀밭이라오.

(남자) 우리 집 들보는 백향목이요, 우리 집 서까래는 전나무라오.

오랫동안 신랑을 찾느라 지친 신부를 신랑은 침실로 데려간다. 그곳에서 그녀를 회복시킨다. 신부와 신랑의 자리, 둘만 있는 침실, 어느누구도 방해할 수 없는 자리로 데려간다.

1. 신랑의 사랑이 신부에게 다시 부어질 때 신부가 드리는 3가지 고백 (1:12~14)

1) 향기를 뿜어내는 신부

12절 (여자) 임금님이 침대에 누우셨을 때에, 나의 나도 기름이 향기를 내뿜었어요.

침실을 의미하는 히브리어 단어는 '메샤브'와 '헤테르'이다. '헤테르'는 잠만 자는 침대를 말하고, '메샤브'는 긴 의자가 있는 공간을 의미한다. 신부는 침실에 계속 이끌려간다. 사역자의 기본은 임재 가운데 사귐이다. 임재의 사귐 가운데 이끌려 들어가는 것이다. 이렇게 하지 않으면 나도 모르는 사이에 탈진한다. 회복을 위해서는 다시 기본, 근본으로 돌아가야 한다. 그래야 탈진에서 벗어날 수 있다. 그리고 탈진이 왔을 때는 다시 그분의 침실과 침상으로 가야 한다. 엘리야도 호렙산 작은 굴에서 세미한 음성으로 영적 탈진을 해결했다.

신부에게도 향기가 나타나기 시작했다. 이것은 그녀가 스스로 내는 향기가 아니라 신랑의 향기를 받아 품어내는 '나도 향기'이다. 나도 기름과 향은 북인도에서 수입하는 고급 향이다. 이는 북인도에서 나는 감송유, 감송향인데, 남녀의 성적 친밀함과 관련되어 있다.(성서주석 아가서, 민영진, 342)

복음서에서도 한 여인이 나드 향유옥합을 깨트려 주님 발에 붓자 그 냄새가 온 집안에 퍼진다(요12:3). 신랑의 향이 신부에게 계속 젖어 들자, 어느 순간부터는 그 향이 신부에게서도 뿜어져 나온다. 그렇다. 예수를 믿는 자들은 그리스도의 향기이다. 구원 얻은 자들에게는 생명의 향기이고, 믿

지 않는 자에게는 사망의 향기이다

고후 12:14~16

항상 우리를 그리스도 안에서 이기게 하시고 우리로 말미암아 각처에서 그리스도를 아는 냄새를 나타내시는 하나님께 감사하노라 우리는 구원 얻는 자들에게나 망하는 자들에게나 하나님 앞에서 그리스도의 향기니 이 사람에게는 사망으로 좇아 사망에 이르는 냄새요 저 사람에게는 생명으로 좇아 생명에 이르는 냄새라 누가 이것을 감당하리요

친밀한 사랑으로 채워진 신부가 나드(나도)향을 뿜어낸다. 신부의 향기는 고후 2:12-15 "우리는 구원 받는 자들에게나 망하는 자들에게나 하나님 앞에서 그리스도의 향기니" 사망의 향기든 생명의 향기든 성도는 향기를 내는 자이다. 고후 2장 14절은 "항상 우리를 그리스도 안에서 이기게 하시고 우리로 말미암아 각처에서 그리스도를 아는 냄새를 나타내시는 하나님께 감사하노라"라고 한다. 우리가 이기는 것이 아니다. 우리를 이기게 하는 분이 계신다. 이기게 하신 그리스도를 증거 하는 것을 향기라고 하고, 간증이라고 한다. 이기게 하신 하나님을 드러내는 것을 간증이라고 한다.

2) 나의 사랑하는 자는 (몰약)향 주머니라오.(13)

13절 사랑하는 그이는 나에게 가슴에 품은 향주머니라오.

향주머니는 몰약 주머니를 말한다. 신부에게 신랑은 몰약 향주머니처럼 느껴진다. 몰약은 아라비아, 아비시나이어나 인도 등지에서 자라는 발삼나무 껍질에서 채취한 액체나 고체로 만든 향으로(카리스, 아가서,553) 매우 고급 향이다.[5] 마태복음에서 동방박사가 예수께 드린 예물 중 한 가지이다. 장례에서 시신의 부패를 늦추고 냄새를 방지하기 위해 몰약을 바른다. 일종의 방부제로써 미라를 만들 때도 쓰였다.

몰약은 예수님의 십자가 죽음을 상징한다. 예수의 십자가의 희생을 통해 얻은 것이 신부이다. 몰약 향으로 채워진 신부는 동일하게 몰약 향을 내뿜는다. 이것은 신부도 누군가를 위해 죽어야 한다는 의미이다. 내가 죽어야 남이 산다. 예수님이 죽어서 살리셨기 때문에 제자인 우리도 죽어야 살릴 수 있다.

'모르'(몰약) '쓰다'라는 뜻이다. 십자가의 죽음이 절대 쉬운 일이 아님을 의미한다. 히브리인들은 몰약을 '나무가 흘리는 눈물'이라는 별명으로 부른다. 시체 냄새 때문에 몰약을 바르기도 하지만 또한, 부활의 소망을 상징한다. 썩지 않을 몸으로 부활하는 소망을 의미한다.

신부는 자신의 가슴에 신랑의 몰약 향주머니를 품는다. 이는 그리스도의 신부가 신랑이신 예수 십자가의 죽음과 사랑을 품는 것을 의미한다. 신랑은 신부에게 십자가의 사랑을 부어주신다. 예수가 십자가에서 물과 피를 흘려주신 것은 결국 신부를 얻기 위함이셨다.

3) 나의 사랑하는 자(신랑)는 엔게디 포도원의 고벨화 송이

신부에게 신랑은 마치 엔게디 포도원의 고벨화 송이와 같다. 삼상 21-23장을 보면, 엔게디는 사해 위쪽의 성읍으로, 주변의 사막과 달리 오아시스가 있었다. 또한, 이곳은 다윗이 사울을 피해 숨는 곳으로, 포도원으로도 유명한 지역이다.

그리스도의 신부된 교회에게 신랑 예수는 오아시스를 가진 엔게디와 같다. 광야 같은 인생길에서 만나는 오아시스는 절대적이다.

또한, 그리스도의 신부들에게 신랑 예수님은 고멜화 송이(삼실나무)와 같다. 고벨화가 무엇인지는 명확하지 않지만, 메시아 꽃으로 알려져 있다. 초록, 흰색, 분홍색, 세 가지 꽃이 핀다. 연녹색 잎사귀를 가지고 있으며 향이 나는 작은 나무이다. 그래서 여인들은 이파리를 말렸다가 갈아서 물에서 썩어 손톱이나 발톱에 물을 들이는 염색재료를 만들기도 하고, 꽃은 말려서 향낭에 넣어 목에 걸기도 한다.[6] 신부에게 신랑은 향기 나는 고벨화 꽃송이 같은 존재이다.

고벨화는 히브리어로 '코페르'이다. '코페르'는 속전, 몸값이란 뜻이다. 노아의 홍수 때 방주에 역청(고페르)을 발랐다. 구속자적으로 적용하면, 방주에 속전 값인 예수의 피를 발라서 심판의 물이 들어오지 못하게 한 것이다.

그러므로 코페르 송이와 같은 신랑의 의미는 신부를 얻기 위해 자신의 생명을 속전 값으로 주셨다는 것이다. 또한, 송이는 다발, 묶음이라는 뜻이다. 이는 신랑의 사랑이 풍부하고, 풍성함을 의미한다.

술람미는 점차 신랑의 대속적 사랑에 눈뜨고 있다. 이처럼 그리스도의 신부는 예수님의 십자가의 사랑, 대속의 사랑에 눈떠야 한다.

동네 총각들조차 못생기고 검다고 눈길도 주지 않았던 한 시골 양치기 소녀에게 왕은 엄청난 사랑을 부어주고 있다. 우리에게 부어진 사랑은 양치기 소녀인 술람미보다 더 어마어마하다. 비참한 존재인 우리에게 우주의 창조자인 신이 황홀한 사랑을 한없이 부어주시고 계신다. 우리야 말로 술람미 중에 술람미이다.

2. 신부의 고백을 들은 신랑이 신부에게 고백하는 2가지 (15절)

1) 내 사랑 : 9절 '내 사랑", 15절 "내 사랑"이라고 신부를 부르심

아직은 연약하고, 실수하고, 자신의 포도원(마음)조차 지키기 어려워하는 미성숙한 어린 신부이지만 신랑은 그녀를 "내 사랑"이라고 불러주신다. 이는 그녀가 완성되었기 때문이 아니다.

그리스도의 신부들도 마찬가지이다. 신랑 예수님은 우리의 많은 죄악과 미성숙에도 불구하고 우리를 "내 사랑"이라고 부르시며, 우리를 사랑하시기로 결단하시고, 아름답게 보시는 분이시다,

신랑은 그녀의 정체성이 회복될 때까지 사랑을 쏟아 붓고 있다. 이처럼

목회자들은 양떼를 무조건 사랑해주어야 한다. 그래서 목회가 어렵다. 철저하게 성령의 인도를 받고 그 영혼을 깊이 사랑해야 한다.

2) 신부는 비둘기의 눈을 가진 자라. (15절)

(남자) 아름다워라, 나의 사랑, 아름다워라, 비둘기 같은 그 눈동자.

① 비둘기(요나)

가. 일편단심 : 짝이 죽으면 다시 짝을 찾지 않는다.

나. 한 가지 초점(single focus)을 가진 새 : 오직 한 사물만을 볼 수 있음

다. 희생 제사용 제물

라. 순결(마10:16)

신랑은 신부를 나ㅈ의 비둘기라고 하신다. 비둘기는 짝이 죽으면 다른 짝을 찾지 않는 수절하는 새이다. 또한, 다른 새와는 달리 비둘기 눈은 초점이 하나이다. 한 번에 하나만 본다. 동시에 두 사물을 볼 수가 없다.

신부는 오직 한 분만을 보는 자이다. 예수님도 봤다가 세상도 보는 자들은 신부가 아니다.

우리도 마찬가지이다. 재물만 섬기든지 하나님만 섬기든지 해야 한다. 두 가지를 함께 볼 수 없는 존재이다. 요즘 목회자 중에서는 이 두 가지를

모두 추구하는 것으로 가르치는 목회자가 있다. 이는 그 자신이 그렇기 때문이다. 물질은 하나님과 그분의 의를 먼저 구할 때 더하여 주시는 것이다. 비둘기 같은 신부는 오직 하나님만 바라보는 자이다.

내 평생 한 가지 소원 오직 당신 장막에 거하며 그 얼굴을 구하는 것이라고 시편에 고백하는 다윗은 오직 한 분만을 보는 자이다.

또한, 비둘기는 레위기에서 희생제물로 쓰였다. 이는 그리스도의 신부들의 삶이 주님께 드려지는 헌신의 제물임을 의미한다. 예수님은 제자들을 파송하시면서 '비둘기처럼 순결하라' 고 말씀하셨다. 그리스도의 신부된 교회는 영적으로, 육적으로 순결함과 거룩함을 지켜야 한다.

3. 신랑의 격려에 대해 신부가 느끼는 안정감(16절)

(여자) 나의 사랑, 멋있어라. 나를 이렇게 황홀하게 하시는 그대! 우리의 침실은 푸른 풀밭이라오

신부는 신랑의 칭찬과 격려에 큰 안정감을 느낀다. 그리고 신랑이 너무 아름답고 멋진 분임을 고백한다. '나의 사랑, 나의 비둘기" 라고 사랑을 퍼부어주는 신랑의 고백에 신부는 황홀함을 느낀다.

신앙은 이런 것이다. 신랑이신 예수의 사랑과 인정이 신부를 황홀케 하는 것을 경험하고 누리는 것이다.

신부는 두 사람의 교제의 침대가 늘 푸르른 풀밭이라고 말한다. 풀밭은 양 떼들이 쉬고, 안식하며, 먹는 곳이다. 그리스도의 신부들에게 신랑과의 사랑의 교제는 쉼과 안식이며, 살아갈 영육간의 공급을 받는 시간이다.

3) 신랑의 선언: 백향목과 전나무 같은 집

(남자) 우리 집 들보는 백향목이요, 우리 집 서까래는 전나무라오

신랑은 신부의 고백을 받아 자신들(우리 집)의 집이 백향목 같고, 서까래는 전나무 같다고 화답한다. 신랑은 '우리 집'이라는 표현을 사용한다. 신랑의 집은 더 이상 신랑의 집이 아니라 신부와 함께 하는 우리 집이라고 선포한다. 이제 신랑의 모든 것이 신부의 것이다. 신부는 신랑의 모든 것을 누릴 권리와 그에 따른 책임이 뒤따른다.

이 두 사람의 집은 백향목, 잣나무로 지어진 집처럼 견고하고 무너지지 않을 것을 고백하며 안정감을 누린다.

백향목과 잣나무는 솔로몬이 성전을 지을 때 주 자원으로 쓴 나무로, 나무 중 가장 견고하고, 내구성이 뛰어나다. 백향목은 냄새가 독해서 벌레가 접근하지 못한다. 그래서 수명이 수백 년에서 천 년까지 간다고 한다. 서까래는 요즘의 발코니이다. 전나무는 관을 짤 때 사용하는데 물에 잘 썩지 않는 나무이다. 그래서 성전의 주 나무는 백향목과 전나무이다. 신랑이 신부를 위해 준비한 신혼집은 썩지 않을 집으로 준비되고 있다.

제6강

신랑의 온전한 사랑 안에서 신부가 누리는 자존감과 정체성 (2:1~7)

나는 샤론의 수선화(장미), 골짜기에 핀 나리꽃(백합화)이라오.
(남자) 가시덤불 속에 핀 나리꽃, 아가씨들 가운데서도 나의 사랑 그대가 바로 그렇소.
(여자) 숲 속 잡목 사이에 사과나무 한 그루, 남자들 가운데서도 나의 사랑 임이 바로 그렇다오. 그 그늘 아래 앉아서, 달콤한 그 열매를 맛보았어요. 임은 나를 이끌고 잔칫집으로 갔어요. 임의 사랑이 내 위에 깃발처럼 펄럭이어요. "건포도 과자를 주세요. 힘을 좀 내게요. 사과 좀 주세요. 기운 좀 차리게요. 사랑하다가, 나는 그만 병들었다오." 임께서 왼팔로는 나의 머리를 고이시고, 오른팔로는 나를 안아 주시네. "예루살렘의 아가씨들아, 노루와 들사슴을 두고서 부탁한다. 우리가 마음껏 사랑하기까지는, 흔들지도 말고 깨우지도 말아 다오."

아가서 1장 전체에서 어린 신부는 신랑에게 황홀한 사랑의 고백을 받고, 자신의 존재감, 정체성이 바뀌고, 삶의 안정감을 더욱 느끼며 신랑의 사랑의 향에 흠뻑 취해있음을 볼 수 있다. 그렇다면 2장에서 신랑과 신부의 관계는 어떻게 전개될까?

1. 신랑의 사랑때문에 신부가 깨달은 새로운 자기 정체성(자존감)

1) 1:5 → "검지만(하나님께) 사랑스러운 자"

2) 2:1 → "나는(신랑의 사랑 안에서) 수선화요, 백합화입니다."

신부가 신랑의 사랑으로 인해 자존감이 회복되어 자신을 샤론의 수선화요, 골짜기의 백합화라고 서슴없이 선포한다. 술람미가 자신을 바라보는 눈이 바뀌었다.

1장에서 그녀는 자신을 검지만 아름답다고 하였다. 2장은 검다는 말 자체가 없다. 그녀는 자신을 수선화요 백합화라고 한다. 수선화는 가장 화려하고 아름다운 신부를 상징하고, 백합(나리꽃)은 순결을 의미한다. 신부는 자신이 신랑의 눈에 가장 아름답고 순결한 꽃과 같은 존재임을 깨닫고 고백한다.

또한, 샤론 평야는 가나안 땅의 서부, 지중해 연안에 걸쳐 있는 거대한 평원이다. 남북으로 80km, 동서로 19km 정도이다. 샤론 광야에 있는 수많은 꽃 중 대표적인 꽃이 수선화이다. 그런데 본문에서 수선화(하바첼레트) 앞에 정관사가 없이 사용된 것은 이 수선화가 특정한 것이 아니라 많은 수선화 중의 하나임을 말한다. 이는 술람미 여인의 겸손함을 엿볼 수 있다. 그것은 술람미가 자신을 골짜기의 백합화로 묘사한 것에도 드러난다. 골짜기에 핀 백합화는 잘 눈에 띄지 않는다. 신부의 존재감과 정체성이 점점 회복되고 있지만, 결코 교만하지 않은 신부임을 드러내고 있다.

3. 신랑의 대답(2절)

(남자) 가시덤불 속에 핀 나리꽃, 아가씨들 가운데서도 나의 사랑 그대가 바로 그렇소.

1) 가시나무 가운데 백합화

신랑은 신부가 가시덤불 속에 핀 백합화라고 선언한다. 가시덤불은 아담의 죄로 인한 땅의 저주의 상징이다(창3:17~18).

죄악이 난무한 저주의 세상 가운데 그리스도의 신부는 백합화처럼 신랑에게 순결한 꽃이다. 여기서 가시는 단지 사람들을 찌르는 것을 의미하지 않는다. 오히려 하나님의 마음에 상처를 주는 세상을 상징한다. 예수님은 이런 가시와 같은 세상에서 순결한 향기를 내뿜는 백합화 같은 자신의 신부를 찾고 계신다. 또한, 가시덤불 속에 핀 꽃이란 신부가 향기를 발해야 하는 곳이 그와 같은 세상임을 의미하기도 한다.

4. 신부의 고백(3절)

(여자) 숲 속 잡목 사이에 사과나무 한 그루, 남자들 가운데서도 나의 사랑 임이 바로 그렇다오. 그 그늘 아래 앉아서, 달콤한 그 열매를 맛보았어요.

1) 숲 속 잡목 사이에 사과나무 같은 신랑

신부는 신랑을 숲 속 잡목 사이에 사과나무와 같은 분이라고 고백한다. 사과나무의 의미는 사람을 힘을 내게 하고 기운을 차리게 한다는 것이다.

2장 5절 "건포도 과자를 주세요. 힘을 좀 내게요. 사과 좀 주세요. 기운 좀 차리게요. 사랑하다가, 나는 그만 병들었다오."

사과는 사람에게 힘을 주고 기운 나게 한다. 신랑은 사과 같은 분, 생명을 주고 힘을 주는 분이다. 또한, 신랑 예수는 숲 속의 수많은 잡목과는 다른 분이다. 다른 잡목들은 신부를 기운 나게 할 과일을 공급하지 못한다. 오직 신랑 예수만이 신부에게 힘을 공급할 수 있다.

2) 신랑의 사랑의 그늘에서의 쉼과 안식(3절)

그 그늘 아래 앉아서, 달콤한 그 열매를 맛보았어요.

신부는 신랑의 그늘 아래서, 신랑 예수님의 사랑 안에서 안식과 쉼을 누린다. 그리고 신랑의 말씀을 먹음으로 영혼이 온전히 만족함을 누린다.

6. 신랑은 신부를 잔칫상으로 이끈다.(4절)

임은 나를 이끌고 잔칫집으로 갔어요.

1) 1장 4절 : 침실로 이끄심

2) 1장 12절 : 신랑의 침상으로 이끄심

3) 2장 4절 : 잔칫상으로 이끄심

신랑은 신부를 침실, 침상 즉 교제와 친밀함으로 이끄시고, 또한, 잔칫집으로 이끄신다. 잔칫집은 기쁨을 의미함과 동시에 요한계시록 19장의 혼인잔치를 상징한다. 그렇다. 신랑 예수는 당신의 신부들을 재림 때 혼인잔치로 이끄시는 분이시다.

또한, 잔칫집은 말씀이 차려진 잔칫상을 의미한다. 신랑은 신부를 늘 말씀의 상으로 이끄신다.

7. 임의 사랑은 펄럭이는 깃발(4절)

임의 사랑이 내 위에 깃발처럼 펄럭이어요.

깃발은 군대용어로 각 부대의 깃발을 의미한다. 모든 부대는 그 부대를 상징하는 깃발을 소유하고 있다. 신부에게 신랑은 사랑의 깃발이다. 깃발 아래로 사람들은 찾아온다. 신부가 길을 잃을 때 사랑의 깃발을 보고 찾아오면 된다.

신랑은 협박, 위협이 아닌 사랑으로 인도하는 깃발이시다.

8. 거룩한 상사병에 걸린 신부(5절)

건포도 과자를 주세요. 힘을 좀 내게요. 사과 좀 주세요. 기운 좀 차리게요. 사랑하다가, 나는 그만 병들었다오.

연애시절 상사병이 날만큼 상대방을 사랑했던 기억이 있는가? 신부는 신랑을 사랑하는 마음 때문에 자신이 병이 들었다고 고백한다. 상사병이다. 상사병의 특징들이 있다. 보고 또 봐도 또 보고 싶은 것, 상대방을 향한 갈망이 깊어져 일상이 마비될 정도로, 병이 날 정도로 상대방을 향한 깊은 갈증을 느끼는 것이다.

술람미 여인은 자신이 얼마나 신랑을 사랑하는지를 이런 식으로 표현한다. 그렇다. 그리스도의 신부들은 그리스도를 향한 사랑의 갈증이 너무나 커서 거룩한 상사병이 앓아야 하는 존재이다.

오늘날 예수 그리스도를 너무나 사랑하여서 거룩한 상사병이 걸린 신부들을 찾을 수 있을까? 이런 상사병은 결코 신랑이 주는 선물을 욕심내는 자들은 걸릴 수 있는 병이 아니다. 신랑 그 자체를 갈망해야 만 가능하다. 나는 이런 거룩한 상사병에 걸려도 좋을 만큼 예수님을 사모하고 있는가?

9. 신랑의 포옹(6절)

임께서 왼팔로는 나의 머리를 고이시고, 오른팔로는 나를 안아 주시네.

신랑 예수님은 그의 신부를 사랑으로 안아 주시는 분이시다.

10. 사랑의 밀어를 방해 받지 않고 싶은 두 사람(7절)

예루살렘의 아가씨들아, 노루와 들사슴을 두고서 부탁한다. 우리가 마음껏 사랑하기까지는, 흔들지도 말고 깨우지도 말아 다오.

예루살렘의 아가씨들은 미래의 예비 술람미이다. 술람미 여인은 예루살렘의 딸들에게 자신과 신랑의 사랑의 시간을 방해하지 말 것을 부탁한다. 원래 사랑은 배타적이다. 사랑의 불이 타오를 때는 어느 누구도 둘 사이에 허락하지 않는다.

그렇다. 그리스도의 신부들은 신랑과 자신 사이에 그 어떤 것도 방해치 못하게 해야 한다. 마음껏 사랑을 나누기까지는 무엇도 방해하지 못하게 해야 한다. 나는 어떠한가? 주님과의 사랑을 점검해 보라.

무엇이 이 사랑을 방해하고 있는지 점검하라.

※ I 단원(1:1~ 2:7) 종합정리

I 단원(1장1절 ~ 2장 7절)에서 우주의 왕이신 예수님이 시골의 포도원을

지키고 있는 피부도 검게 그을린 한 어린 양치기 소녀와 사랑에 빠진다. 그녀를 자신의 침실과 잔칫상으로 이끌어 그녀를 먹이고, 입히시며 그녀에게 왕의 모든 사랑과 애정 공세를 퍼부으신다.

신랑 예수님의 사랑이, 미성숙하고 어린 신부의 존재감과 정체성을 완전히 바꾸게 된다. 평범한 양치기 소녀가 이제 왕의 신부로 초청되어 두 연인 사이에 사랑이 피어나고 두 사람이 그 사랑 안에서 한껏 젖어 드는 것으로 마무리되고 있다.

Ⅱ
단원

제7강

신부를 향한 신랑의 요구와 도전 (2:8~17)

[겨울은 지나고] 아, 사랑하는 임의 목소리! 저기 오는구나. 산을 넘고 언덕을 넘어서 달려오는구나. 사랑하는 나의 임은 노루처럼, 어린 사슴처럼 빠르구나. 벌써 우리 집 담 밖에 서서 창틈으로 기웃거리며, 창살 틈으로 엿보는구나. 아, 사랑하는 이가 나에게 속삭이네.(남자) 나의 사랑 그대, 일어나오. 나의 어여쁜 그대, 어서 나오오. 겨울은 지나고, 비도 그치고, 비구름도 걷혔소. 꽃 피고 새들 노래하는 계절이이 땅에 돌아왔소. 비둘기 우는 소리, 우리 땅에 들리오. 무화과나무에는 푸른 무화과가 열려 있고, 포도나무에는 활짝 핀 꽃이 향기를 내뿜고 있소. 일어나 나오오. 사랑하는 임이여! 나의 귀여운 그대, 어서 나오오. 바위틈에 있는 나의 비둘기여, 낭떠러지 은밀한 곳에 숨은 나의 비둘기여, 그대의 모습, 그 사랑스런 모습을 보여 주오. 그대의 목소리, 그 고운 목소리를 들려주오. "여우 떼를 좀 잡아 주오. 꽃이 한창인 우리 포도원을 망가뜨리는 새끼 여우 떼를 좀 잡아 주오."

(여자) 임은 나의 것, 나는 임의 것. 임은 나리꽃 밭에서 양을 치네. 날이 저물고 그림자가 사라지기 전에, 나의 임이여, 노루처럼 빨리 돌아와 주세요. 베데르 산의 날랜 사슴처럼 빨리 오세요.

1. 신부에게 다른 계절이 찾아옴

1) 지금까지 신부는 사랑의 계절을 보내고 있었다.

2) 신랑은 신부에게 새로운 도전을 하신다.

3) 각자의 인생이 걸어가고 있는 시즌(계절)이 무엇인가?

지금까지는(1:1-2:7) 신랑이 신부에게 일방적으로 쏟아 부어주는 사랑이었다. 그러나 2장 8절에서는 신랑이 신부에게 찾아와 겨울이 지나고 봄이 왔으니 추수하러 '일어나 함께 가자' 고 요구하신다.

그러나 어린 신부가 이를 거부한다. 그러자 신랑은 신부를 홀로 주고 떠나신다(3:1-3). 술람미 여인은 뒤늦게 신랑을 찾아 나서지만 신랑을 찾을 수 없다.

2. 안전지대를 떠나라는 신랑의 도전 (8~10절)

1) 산과 언덕을 넘어오시는 왕이신 예수님 → 산과 언덕 : 장애물, 방해물들, 어려움들

[겨울은 지나고] 아, 사랑하는 임의 목소리! 저기 오는구나. 산을 넘고 언덕을 넘어서 달려오는구나. 사랑하는 나의 임은 노루처럼, 어린 사슴처럼 빠르구나. 벌써 우리 집 담 밖에 서서 창틈으로 기웃거리며, 창살 틈으로 엿보는구나.

신랑은 산과 언덕을 넘어 신부에게로 온다. 신부에게 오는 길이 쉬운 길이 아니다. 산과 언덕을 넘어야 한다. 산과 언덕은 신랑과 신부 사이를 가로막는 장애물들을 상징한다. 신랑 예수님은 신부를 찾기 위해, 사단의 모든 대적과 방해를 이기신다. 모든 어려움과 장애물을 극복하신다.

2) 나의 사랑, 나의 어여쁜 자

아, 사랑하는 이가 나에게 속삭이네.
(남자) 나의 사랑 그대, 일어나오. 나의 어여쁜 그대, 어서 나오오.

솔로몬 왕은 술람미 여인을 나의 사랑(22번), 나의 어여쁜 자(22번) 라 부른다. 신부는 신랑에게 어여쁜 사랑이다. 그리스도의 신부들은 아직은 온전하지 못하지만, 그리스도에게 사랑이요, 어여쁜 자들이다.

3. 일어나(쿠미) 함께 가자(울레키) (10절, 13절)

신랑은 신부를 사랑의 침상에서 불러내어 산과 언덕을 함께 넘어, 포도나무와 무화과나무 열매를 추수하러 나가자고 초청한다. 신랑은 신부를 열방과 세계로 나가 신랑의 나라를 함께 세워나가도록 즉, 동역의 자리로 부르고 계신 것이다. 우리말 성경에는 없지만, 히브리어 원문에는 이렇게 되어 있다.

"너를 위하여(라크) 일어나라, 그리고 너를 위하여(라크) 가자"

즉, 원문에는 '너를 위해(라크)'라는 단어가 있다. 신랑 예수님이 신부된 교회를 향해 일어나 함께 가자고 하시는 것은 예수님을 위해서가 아니라 신부들을 위해서이다. 신랑 예수님과 동역하는 것은 우리의 유익을 위해서이다. 사실 효율성만으로 보자면 하나님 나라를 위해서는 우리와 함께 일하지 않는 것이 훨씬 나을 것이다. 우리가 주님의 일에 동역한다고 하지만, 오히려 주님을 아프게 하고 방해만 할 뿐이다. 그럼에도 우리에게 일어나 함께 가자고 초청하시는 것은 전적인 은혜이다.

그렇다. 신랑이신 예수님은 신부들에게 이제는 안전지대를 벗어나 도전과 모험과 믿음의 자리로 불러내신다. 그러나 막상 신부는 그동안 누렸던 침상, 잔칫상, 나무 그늘아래에서의 쉼이 포기되지 않는다. 어느 순간 신부는 도전과 모험이 아니라 안락을 원하게 되었다.

나는 이런 예수님의 요구와 도전을 받고 있나? 자기만족의 지대를 벗어나라고 요구하고 계신가?

4. 추수의 동역자로 부르시다 (11~13절)

겨울은 지나고, 비도 그치고, 비구름도 걷혔소. 꽃 피고 새들 노래하는 계절이 이 땅에 돌아왔소. 산비둘기 우는 소리, 우리 땅에 들리오. 무화과나무에는 푸른 무화과가 열려 있고, 포도나무에는 활짝 핀 꽃이 향기를 내뿜고 있소. 일어나 나오오. 사랑하는 임이여! 나의 귀여운 그대, 어서 나오오.

솔로몬은 술람미 여인에게 찾아와 일어나 함께 떠날 것을 요구한다. 왜냐하면, 겨울이 지났고, 비구름도 걷혀 이제는 추수의 때가 왔기 때문이다. 그리스도의 신부들에게 겨울의 때, 비구름이 드리워진 시기가 있다. 그러나 겨울이 영원한 것만은 아니다. 산비둘기(반구)는 봄이 되면 팔레스타인 땅에 오는 새로써, 봄이 왔음을 알린다.

무화과나무에는 푸른 무화과 열매가 열려 있고, 포도나무의 꽃이 향기를 내뿜고 있다. 더이상 신랑의 침상에서만 머물 수 없다. 왜냐면 신부는 신랑과 함께 열매를 거두러 나가야 하기 때문이다. 신랑은 신부에게 다른 세계를 보여주려 한다.

무화과나무와 포도나무는 이스라엘 국과이다. 이것은 하나님께서 이스라엘에게 열매를 기대하시고, 요구하신다는 것을 의미한다. 그러나 그들은 하나님이 기대하시는 극상품의 열매를 맺지 못하고, 들 포도 열매를 맺었다(사5장)

신랑이신 예수님이 12명의 제자에게 당신의 사랑을 쏟아 부어준 것도, 그들이 주님과 함께 땅끝까지 이르러 주님의 증인이 되게 하기 위함이었다. 그리스도의 신부들도 마찬가지이다. 신랑 예수는 신부인 교회와 함께 영혼 추수 사역을 하고자 하신다. 그런데 신부들이 신랑의 마음을 알지 못한다. 설사 안다고 하더라도 신랑의 간절한 부르심에 순종할 마음도, 의지도, 능력도 없다.

5. 신부를 얻기 위해 신랑이 치룬 대가 : 십자가의 죽음

바위틈에 있는 나의 비둘기여, 낭떠러지 은밀한 곳에 숨은 나의 비둘기여, 그대의 모습,그 사랑스런 모습을 보여 주오. 그대의 목소리, 그 고운 목소리를 들려주오.

신랑은 신부를 바위틈에 있는 나의 비둘기, 낭떠러지 은밀한 곳에 숨은 나의 비둘기라고 부르신다. 비둘기는 독수리와 같은 맹금류로부터 자신과 새끼를 보호하기 위해 낭떠러지 바위틈에 은밀한 둥지를 만들어 산다. 원수들로부터 자신을 보호하기 위함이다.

그렇다, 신랑인 예수의 비둘기인 신부들은 신랑 예수에 의해 은밀한 바위틈에 숨겨져 보호되어왔다. 바위틈 은밀한 곳은 예수님의 옆구리를 의미한다. 신랑 예수의 옆구리에서 쏟아진 물과 피로 인해 생명을 얻은 존재가 바로 교회와 성도들이다. 마치 아담의 옆구리에서 신부인 하와가 만들어진 것처럼 말이다.

신랑 예수님은 '그대의 모습, 그 사랑스런 모습을 보여주오. 그대의 목소리, 그 고운 목소리를 들려주오.'라며 동참하기 원하신다. 동역에 대해 순종의 얼굴로, 목소리로 반응하기를 기대하신다.

또한, 바위틈 은밀한 곳은 오빠들의 폭력에 맞서 신부를 보호하기 위해 예수님이 마련한 장소이다. 이곳에서 신부는 양육을 받고 안정감을 누렸다.

6. 신랑의 요구 (15절) : 작은 여우 떼를 잡으라.

"여우 떼를 좀 잡아 주오. 꽃이 한창인 우리 포도원을 망가뜨리는 새끼 여우 떼를 좀 잡아 주오."

1) 우리 포도원, 우리의 삶

중요한 것은 '우리 포도원' 이다. 이 포도원은 신랑과 신부가 함께 사는 '우리'의 포도원이다. 신부의 삶은 더이상 신부의 삶이 아니다. 신부만의 포도원이 아니다. 나는 나의 삶이, 내 것이 아니라 신랑 예수님과 함께 하는 우리 삶이라는 것을 아는가?

2) 작은 여우(슈알림) 떼를 잡으라(에헤주)

신랑은 신부에게 우리 포도원을 망치는 작은 여우 떼를 잡을 것을 요청한다. 두 사람의 사랑과 친밀함을 망가뜨리고 훼방하고, 어지럽히는 작은 여우 떼가 있음을 신랑은 이미 알고 계신다.

이 작은 여우 떼는 무엇을 의미하는가? 신랑과 신부의 사랑을 깨뜨리는 여우들은 무엇인가? 아가서 문맥에서 보면 이것은 신부 안에 있는 두려움, 망설임, 불안함, 불순종이다. 은밀한 바위틈이라는 안전지대를 떠나라는 신랑의 요구에 두려워하는 마음이다.

그녀는 일어나 함께 나가 추수 사역에 동역하자는 신랑의 요구에 순종하고 싶다. 그러나 동시에 그녀는 안전지대를 벗어나고 싶은 마음이 없다. 지금의 상황, 현실에 그저 만족하며 살고 싶다.

이것은 신랑을 향한 반역이나 반항이 아니다. 오히려 미성숙한 신부의 두려움이다. 그러기에 신랑은 신부를 협박, 강요하지 않고, 사랑으로 계속해서 부르시는 것이다. (14절 후반)

안전지대를 떠나고 싶지 않은 자기중심적 신앙을 작은 여우 떼로 표현한 것이다. 이것은 2장16절에서 신부가 고백하는 말을 보면 증명이 된다.

(여자) 임은 나의 것, 나는 임의 것. 임은 나리꽃 밭에서 양을 치네.

이 고백을 자세히 보면 '임은(도디) 나의 것(리, 나에게)' 이란 말이 먼저 나온다. 관계의 중심이 나(술람미)이다. 술람미는 아직 자기중심적 사랑을 하고 있는 것이다. 신랑이 나에게 속했다고 고백한다. 내가 중심이고 신랑은 나에게 속한 자이다.

우리도 마찬가지이다. 예수를 믿어도, 여전히 내가 중심이고, 내가 우선이다. 그리고 신랑 예수는 그저 나를 도와주는 분이다. 내가 그의 소유가 아니라 주님이 나의 소유이다.

그러므로, 필자는 작은 여우 떼는 자기중심적 신앙을 떠나 예수님 중심적 신앙으로 전환하고 싶은 않은 신부의 자아라고 생각한다.

또한, 주님이 싫어하시는 은밀한 죄악들이 여우 떼들이다. 교회 공동체를 허무는 분열, 갈등, 시기, 질투, 용서하지 못하는 마음, 자기 영광 추구 등등이 작은 여우 떼이다.

신앙이 어리다는 것은 내가 중심일 때를 의미한다. 그리스도의 신부들이 자기중심적 신앙에서 예수 중심적 신앙으로 성장하고 성숙해야 한다. 술람미의 신앙이 신랑 중심적으로 바뀌는 것은 6장에서이다.

6. 신부의 타협(17절)

1) 여전히 주님을 사랑하지만 아직은...

17절 상반절 "날이 저물고 그림자가 사라지기 전에, 나의임이여, 노루처럼 빨리 돌아와 주세요. 베데르 산의 날랜 사슴처럼 빨리 오세요."

'일어나 함께 가자' 는 신랑의 부르심에 신부는 두려움 때문에 그 초청을 완곡하게 거절한다. 신부는 자신이 그동안 누렸던 안전지대를 내려놓지 못해 떠나지 못한다. 오히려 신부는 신랑 혼자 가라고 하면서, 신랑이 날이 저물기 전에 노루처럼, 베데르 산의 사슴처럼 자신에게 빨리 돌아오라고 요구한다.

신부는 그녀가 넘어가야 할 산과 언덕의 크기만 보고 두려움을 느낀다. 정작 봐야 할 주님의 능력은 보지 못한다. 산과 언덕, 그녀의 부족함을 뛰어넘는 능력과 힘, 지혜를 주실 신랑을 보지 못한다. 신부는 깨달아야 한다. 감당할 능력도 주지 않으면서 사명을 요구하는 신랑이 아니라는 것을 말이다. 신부는 신랑을 사랑한다. 분명히. 하지만 자기만족과 계획이 먼저인 미성숙한 단계에 머물러 있다.

그러나 그 자리에 머무르려는 술람미 여인에게 솔로몬은 화를 내거나 정죄하지 않는다. 왜냐하면, 이것은 미성숙한 신부의 두려움에서 오는 마음이기 때문이다.

2) 다른 번역

또한, 2장17절의 다른 번역은 '날이 저물고 그림자가 질 때까지 빨리 가소서'라고 번역할 수도 있다. 이것은 신랑이 신부에게 '일어나 함께 가자'고 하자 오히려 신부는 신랑에게 '날이 저물기 전에 빨리 가버리라'고 이해한 것이다. 이 해석은 신부가 더 적극적으로 신랑을 밀어내는 것을 강조한다고 볼 수 있다. 어떤 해석을 취하든, 신부는 자신의 영역을 벗어나고 싶어 하지 않는다라는 사실이다.

히브리어 '베데르'는 '부분, 조각 자르다, 분리하다'라는 뜻이다. '베데르 산'은 분리의 산이다. 창15장에서 하나님과 아브라함이 횃불언약을 맺을 때 아브라함이 고기를 쪼갰다. 이때 쓰인 단어가 '베데르', '쪼개다'이다. 쪼갠 고기는 십자가에서 쪼개질 예수의 몸을 상징한다. 베데르 산은 십자가 산 곧고다 언약의 산이다.

제8강

잃어버린 신랑, 다시 찾은 신랑 (3:1~5)

내가 밤에 침상에서 마음에 사랑하는 자를 찾았구나. 찾아도 발견치 못하였구나 이에 내가 일어나서 성중으로 돌아다니며 마음에 사랑하는 자를 거리에서나 큰 길에서나 찾으리라 하고 찾으나 만나지 못하였구나 성중의 행순하는 자들을 만나서 묻기를 내 마음에 사랑하는 자를 너희가 보았느냐 하고 그들을 떠나자마자 마음에 사랑하는 자를 만나서 그를 붙잡고 내 어미 집으로, 나를 잉태한 자의 방으로 가기까지 놓지 아니하였노라 예루살렘 여자들아 내가 노루와 들 사슴으로 너희에게 부탁한다 사랑하는 자가 원하기 전에는 흔들지 말고 깨우지 말찌니라

1. 신랑의 반응 : 술람미 여인에게 신랑의 임재를 거둠 (1~2절)

내가 밤에 침상에서 마음에 사랑하는 자를 찾았구나. 찾아도 발견치 못하였구나. 이에 내가 일어나서 성중으로 돌아다니며 마음에 사랑하는 자를 거리에서나 큰 길에서나 찾으리라 하고 찾으나 만나지 못하였구나.

신랑은 술람미 여인의 거절로 인해 잠시 신부를 떠나간다. 이는 신부를 훈련시키기 위함이지 신부를 향한 신랑의 분노나 거절이 아니다. 불순종의 결과를 통해 신부에게 가르칠 것이 있으신 것이다. 즉, 신부가 그동안

누렸던 행복의 근원과 원천이 무엇이지 깨닫게 하기 위해서이다.

신부는 예전의 방식으로 신랑의 임재를 구하고 있다. 예전처럼 침상에서 신랑을 찾고 있다. 새로운 순종을 요구하시는데 신부는 여전히 예전 방식으로 신랑을 대하려고 하고 있다.

신부는 신랑이 돌아오지 않음을 알고, 신랑을 찾아 나선다. 얼마나 찾았는지 모르지만, 하루를 천 년 같이 느꼈을 것이다. 신랑의 임재의 달콤함을 아는 술람미 여인은 이 기간이 너무 고통스러웠을 것이다. 2장 5절에서 사랑하여 병이 들었을 만큼 신랑을 사랑했던 술람미 여인이 신랑을 더 이상 볼 수가 없게 된 것이다.

신랑은 신랑의 임재가 거두어 지면 감당할 대가가 얼마나 큰지를 깨닫게 하려고 한다. 신부가 안전지대를 스스로 나오지 않자 신부를 그곳에서 나오도록 강제 조치를 취한 것이다.

그렇다. 그리스도의 신부들이 스스로 안전지대를 떠나려고 하지 않으면 신랑 예수님은 신부들을 고난을 통해 이끌어 내신다.

2. 연애의 고수, 밀당의 천재이신 신랑

신랑은 잠시 임재를 거두어 가고 신부의 애간장을 녹인다. 그리고 신랑은 다시 나타나고 드디어 두 사람은 결혼하게 된다.(4장) 그러나 신랑은 이후 다시 한번 사라진다. 신랑은 나타났다가 없어졌다가를 반복한다. 이렇듯 솔로몬은 술람미 여인과 사랑의 밀당을 한다. 그리고 술람미는 신랑에게 점점 더 빠져든다.

그렇다. 신부인 교회는 연애의 고수요, 밀당의 천재이신 신랑 예수에게만 거룩하게 중독된다. 예수님만 사랑하게 되는 것이 아가서의 결론이다. 예수님만큼 신부를 반하게 할 수 있고 애간장을 녹일 수 있는 신랑은 없다. 이렇게 신랑에게 반한 신부가 신랑과 한 몸이 되어 전 세계의 증인이 되는 것이 아가서이다.

3. 질투하시는 신랑

신랑 예수의 사랑은 질투하시는 사랑이다. 신부인 교회가 신랑 한 분만으로 사랑하고, 신랑으로 만족하기를 바라신다.

야고보서 4장 5절 "하나님께서는 우리 안에 살게 하신 그 영을 질투하실 정도로 그리워하신다."라는 말씀을 잘 새겨야 한다.

신랑이 신부에게 허락한 왕궁과 침상, 편안함까지도 신랑보다 더 사랑하는 것을 시기할 만큼 신부를 사랑하신다. 원래 정상적인 부부라면 상대방이 나만을 사랑하지 않은 것을 견디지 못하는 것처럼, 신랑이신 예수님도 신부들이 신랑이 아닌 다른 것에 마음을 빼앗기는 것을 질투하신다. 그것이 신랑이 준 선물이라 할지라도…….

4. 하나님의 징계(훈련)

여기서 분명히 분별해야 하는 것이 있다. 징계와 심판은 분명 다르다는 것이다.

하나님은 우리를 있는 모습 그대로 사랑하시지만(검은 모습 그대로), 우리의 있는 모습 그대로를 내버려 두시는 것은 아니다. 우리를 바꾸어 가신다. 우리 존재 자체를 인격적으로 사랑하시지만, 우리 삶에 어두운 영역들을 치유하고 바꾸어가기를 원하신다. 이 부분을 하나님은 훈련과 징계를 통해 바르게 교정하신다.

이에 따른 징계, 훈련, 교정(바르게 함)은 거절, 심판과는 다른 것이다.

잠 3:12

주님은, 당신이 사랑하시는 사람을 꾸짖으시니, 마치 귀여워하는 아들을 꾸짖는 아버지와 같으시다.

히 12:5-11

또 아들들에게 권하는 것 같이 너희에게 권면하신 말씀도 잊었도다. 일렀으되 내 아들아 주의 징계하심을 경히 여기지 말며 그에게 꾸지람을 받을 때에 낙심하지 말라 주께서 그 사랑하시는 자를 징계하시고 그가 받아들이시는 아들마다 채찍질하심이라 하였으니 너희가 참음은 징계를 받기 위함이라 하나님이 아들과 같이 너희를 대우하시나니 어찌 아버지가 징계하지 않는 아들이 있으리요 징계는 다 받는 것이거늘 너희에게 없으면 사생자요 친아들이 아니니라 또 우리 육신의 아버지가 우리를 징계하여도 공경하였거든 하물며 모든 영의 아버지께 더욱 복종하며 살려 하지 않겠느냐 그들은 잠시 자기의 뜻대로 우리를 징계하였거니와 오직 하나님은 우리의 유익을 위하여 그의 거룩하심에 참여하게 하시느니라 무릇 징계가 당시에는 즐거워 보이지 않고 슬퍼 보이나 후에 그로 말미암아 연단 받은 자들은 의와 평강의 열매를 맺느니라

5. 신랑을 찾아 일어나는 신부 (2~3절)

이에 내가 일어나서 성중으로 돌아다니며 마음에 사랑하는 자를 거리에서나 큰 길에서나 찾으리라 하고 찾으나 만나지 못하였구나.

신부는 신랑을 찾으려고 일어나 길거리로, 성안을 돌아다닌다. 신랑이 그토록 일어나라고 할 때는 일어나지 않더니 신랑이 떠나가자 마음이 급해졌다. 그리고 신랑을 '내 마음으로 사랑하는 자'라고 표현한다. 비록 불순종했지만, 그녀에게 신랑을 향한 사랑이 있다. 신랑을 보지 못하는 고통이 신부를 침대라는 안전지대에서 일어나게 한 것이다.

신부는 신랑의 사랑 아니, 신랑 그 자체가 없으면 살 수 없다는 것을 알게 된다. 그리스도의 신부들도 마찬가지이다. 우리는 하나님의 사랑과 임재가 느껴지지 않으면 어떻게 반응하는가?

6. 순찰자

성중의 행순하는 자들을 만나서 묻기를 내 마음에 사랑하는 자를 너희가 보았느냐 하고

성을 지키고 있는 순찰자는 누구인가? 이들은 건강한 교회 지도자들이

다. 5장에서 솔로몬이 다시 한 번 신부를 떠난다. 그때에도 신부는 신랑을 찾아 나서다가 순찰하는 자를 또 만난다. 그런데 3장의 순찰자들와 달리 6장의 순찰자는 신부의 옷을 벗기고 술람미를 때린다.

7. 신부의 순종이 있은 후 회복되는 예수님의 임재(4절)

드디어 신부는 신랑을 만난다. 신랑은 신부가 신랑의 부르심에 뒤늦게나마 순종하자 즉시 그녀를 다시 찾아오신다. 신부의 순종을 기다리고 계셨던 것이다.

술람미가 신랑을 보자 가장 먼저 한 행동이 신랑을 붙잡는 것이다. 붙잡다(아하즈)는 '꼭 붙잡다, 놓지 않다. 소유하다'라는 뜻이다. 웃사가 소가 뛸 때 법궤를 붙잡았는데 그때 쓰인 단어가 '아하즈'이다. 아가서 전체에서 이 사건 이후로는 신부는 다시는 신랑을 놓지 않는다.

8. 내 어머니의 집

나를 잉태한 이의 방으로 이끄시는 신랑

그들을 떠나자마자 마음에 사랑하는 자를 만나서 그를 붙잡고 내 어미집으로, 나를 잉태한 자의 방으로 가기까지 놓지 아니하였노라.

신부는 신랑을 붙잡고, 내 어머니의 집, 나를 잉태한 이의 방으로 가기

까지 신랑의 손을 놓지 않는다. 고대 근동 지방에서 어미의 집은

그 집의 여자들이 거하는 곳으로 아무나, 특히 남자가 함부로 들어갈 수 없는 곳이다. 또한, 딸의 결혼에 있어서 어미의 역할은 절대적이었다. 이는 두 연인이 4장에서 결혼을 하는 것에 대해 준비를 하는 의미를 가진다.

자신의 불순종으로 신랑이 떠난 후, 너무나 많은 고통을 겪고 다시 만난 솔로몬 왕을 술람미 여인은 어미의 집으로 이끌어 사랑을 지키고자 하는 것이다.

그만큼 신랑의 부재로 인한 고통이 컸기에 다시는 신랑의 손을 놓지 않으려고 하는 것이다. '내 어머니의 집, 나를 잉태한 이의 방' 은 전통적으로 교회 공동체를 상징한다. 신랑은 이제 신부를 건강한 교회 공동체로 이끄신다. 신부가 더이상 홀로 있기를 원치 않으신다. 신부는 건강한 교회 공동체 안에서 성장해야 한다. 그녀를 지키는 것은 신랑과 신랑이 세우신 건강한 교회 공동체인 것이다.

만일 신부가 신랑을 어머니의 집(교회 공동체)으로 이끈 것이라면 이는 다른 예비 신부들을 향한 것이다. 하나님의 사랑을 경험한 자들은 다른 사람들도 신랑의 사랑을 알게 하고 싶은 거룩한 열정을 가지게 된다.

9. 다시 시작된 사랑을 지키려는 두 연인의 결심(5절)

예루살렘 여자들아 내가 노루와 들 사슴으로 너희에게 부탁한다. 사랑

하는 자가 원하기 전에는 흔들지 말고 깨우지 말찌니라.

이 구절은 후렴구로 두 번째 반복되고 있다. 아가서에서 총 세 번 반복된다. 노루와 들 사슴에 대한 해석이 어렵다. 노루와 들 사슴에 대한 실마리는 70인역에서 찾아볼 수 있다.

구약성경을 헬라어로 번역한 성경을 70인역(셉투아진트)이라고 하는데 탄생 배경은 이러하다. 주전 586년에 남 유다 백성들은 바벨론에게 포로로 끌려갔다. 그리고 70년이 지나 아주 소수만 예루살렘으로 귀환했다. 대부분의 유다 백성들은 바벨론에 남아 정착했다. 바벨론에 남은 사람들이 바로 디아스포라 유대인들이다. 이들이 점점 히브리어를 잃어버리고 헬라어를 사용하게 되었다. 따라서 헬라어에 익숙한 후대들에게 구약을 전수하기 위해 구약을 헬라어로 번역한 성경을 70인역이라고 한다.

70인역에는 노루와 들 사슴이 '하나님 군대와 능력'으로 번역되어 있다. 그러니까 하나님의 군대와 능력으로 하나님의 능력과 권능으로 부탁한다는 것이다. 술람이 여인은 다시 찾은 신랑과의 밀어의 기회를 어느 누구에게도 방해받지 않으려고 결심한다.

제9강

사랑을 지키시는 전사이며, 왕이신 예수님 (3:6~11)

연기 기둥과도 같고 몰약과 유향과 장사의 여러 가지 향품으로 향기롭게도 하고 거친 들에서 오는 자가 누구인고 이는 솔로몬의 연이라 이스라엘 용사 중 육십 인이 옹위하였는데 다 칼을 잡고 싸움에 익숙한 사람들이라 밤의 두려움을 인하여 각기 허리에 칼을 찼느니라 솔로몬 왕이 레바논 나무로 자기의 연을 만들었는데 그 기둥은 은이요 바닥은 금이요 자리는 자색 담이라 그 안에는 예루살렘 여자들의 사랑이 입혔구나 시온의 여자들아 나와서 솔로몬 왕을 보라 혼인 날 마음이 기쁠 때에 그 모친의 씌운 면류관이 그 머리에 있구나.

1. 여인의 질문 (6절)

1) 거친 들에서 올라오는 자는 누구인가?

연기 기둥과도 같고 몰약과 유향과 장사의 여러 가지 향품으로 향기롭게도 하고 거친 들에서 오는 자가 누구인가? 바로 솔로몬 왕이다. 3장은 솔로몬이 술람미 여인을 아내로 맞이하는 결혼식을 위해 마차와 호위병 60명과 함께 와서 그녀를 예루살렘 성으로 이끌어 오는 장면이다.

거친 들에서 올라오는 자는 바로 솔로몬은 바로 예수님이다. 반면 8장에서 거친 들에서 올라오는 여자는 그리스도의 신부들인 교회이다. 이 여인은 적그리스도의 핍박을 순교하면서까지 이기고 신부 단장하고 나오는 교회와 성도를 말한다.

2) 연기는 하나님의 임재를 상징

'연기 기둥과도 같고'. 신부는 솔로몬 왕을 연기 기둥과도 같다고 한다. 구약에서 연기 기둥은 하나님 임재를 상징한다.

2. 예수님에 대한 상징 (6절)

몰약과 유향과 장사의 여러 가지 향품으로 향기롭게도 하고 거친 들에서 오는 자가 누구인가?

솔로몬은 몰약과 유향과 여러 가지 향품을 가지고 신부에게 오고 있다. 이것은 모두 신랑 예수님의 인격과 사역을 상징한다. 몰약은 예수님의 죽음을, 유향은 대제사장이신 예수님의 중보기도를 상징한다. 구약에서 대제사장은 성소의 금 향단에서 향을 피울 때 유향을 사용했다. 상인의 향품은 마13장에서 좋은 진주(신부)를 사기 위해 모든 보화를 판 상인이신 예수님의 헌신을 상징한다.

3. 보호하시는 신랑에 대한 묘사 (7~8절)

1) 솔로몬의 가마와 60명의 호위병

이는 솔로몬의 연이라 이스라엘 용사 중 육십 인이 옹위하였는데 다 칼을 잡고 싸움에 익숙한 사람들이라 밤의 두려움을 인하여 각기 허리에 칼을 찼느니라.

솔로몬은 신부를 결혼식에 데려가려고 가마를 타고 온다. 가마는 왕의 혼인행렬 때 사용한다.

솔로몬과 술람미가 탄 가마를 호위하는 호위대는 60명이다. 이 호위병들은 신부를 거친 들에서 지키기는 자들이다. 이들은 솔로몬의 정예부대이다. 신랑은 암살단에서 신부를 보호하기 위해 정예부대를 보냈다.

이는 신부의 성숙의 여정에는 수많은 적이 도사리고 있다는 것을 상징적으로 표현한 것이다. 그리스도의 신부들은 많은 영적 전투가 있음을 알아야 한다. 신부를 지키는 60명의 호위대는 그리스도의 신부들을 지키는 성령님의 보호와 인도를 상징한다.

호위대들은 허리에 칼을 차고 있다. 이는 말씀의 검이다. 바울도 그리스도의 신부들이 진리의 허리띠로 무장할 것을 말씀한다.

엡 6:12-14

우리의 씨름은 혈과 육을 상대하는 것이 아니요 통치자들과 권세들과 이 어둠의 세상

주관자들과 하늘에 있는 악의 영들을 상대함이라 그러므로 하나님의 전신 갑주를 취하라 이는 악한 날에 너희가 능히 대적하고 모든 일을 행한 후에 서기 위함이라 그런즉 서서 진리로 너희 허리 띠를 띠고 의의 호심경을 붙이고

호위대는 '밤의 두려움으로 인하여' 칼을 찼다. 이는 그리스도의 신부들을 공격하는 밤의 세력, 어둠의 세력들이 노리고 있음을 의미한다. 따라서 말씀의 검으로 무장하여 이를 물리쳐야 한다. 이들은 '싸움에 익숙한 자들'이다. 그리스도는 전쟁에 능하고 탁월하신 전사이자, 만군의 여호와 하나님이시다. 또한, 그리스도의 신부들도 어둠의 세력과 싸우는 영적전투에 전문가가 되어야 한다.

이 말씀의 검은 신부를 모든 탐심 즉, 정욕, 음란, 물질 유혹, 명예, 권력, 기복주의, 극단적 신비주의, 배도의 미혹과 같은 어둠의 세력에서 지키기 위한 것이다.

또한, 이 말씀의 칼은 그리스도의 신부들에게 남아있는 육신적 자아를 죽이는 데에 쓰인다.

히 4:12

하나님의 말씀은 살아 있고 활력이 있어 좌우에 날선 어떤 검보다도 예리하여 혼과 영과 및 관절과 골수를 찔러 쪼개기까지 하며 또 마음의 생각과 뜻을 판단하나니 지으신 것이 하나도 그 앞에 나타나지 않음이 없고 우리의 결산을 받으실 이의 눈앞에 만물이 벌거벗은 것 같이 드러나느니라.

하나님의 말씀은 양날이 선 어떤 검보다 예리하다. 날 선 칼은 외적 어둠의 세력을 베기도 하지만, 신부 내면의 자아를 베고 죽이기 위해 준비된 검이다. 밤의 세력은 외부에 있지 않다. 내 안에 있다.

2) 왕의 가마의 구조와 색 (10절)

그 기둥은 은이요 바닥은 금이요 자리는 자색 담이라 그 안에는 예루살렘 여자들의 사랑이 입혔구나.

가마의 기둥은 은, 바닥은 금, 자리는 자색이다. 그 안에 여인들의 사랑이 입혀져 있다.

신부를 위해 준비한 신랑의 가마는 금, 은, 자색으로 꾸며져 있다.

금과 은은 변질되지 않음을, 자색은 왕권을 상징한다.

또한, 가마 안에는 예루살렘 딸들의 사랑으로 가득하다. 예루살렘 딸들은 신부의 자리로 초대받을 예비 신부, 예비 술람미이다. 이들은 술람미와 솔로몬의 사랑을 지켜보며 부러워한다. 신랑의 마차 안에는 예비 신부들의 사랑으로 가득하다.

4. 교회와 성도들이 예수님께 왕관을 씌여 드림 (11절)

시온의 여자들아 나와서 솔로몬 왕을 보라 혼인 날 마음이 기쁠 때에 그 모친의 씌운 면류관이 그 머리에 있구나.

1) 어머니가 그에게 : 교회가 예수님께

2) 왕관 : 예수님이 교회와 세상의 왕이심을 인정해 드리는 왕관

술람미와 솔로몬의 결혼의 날에 솔로몬은 어미가 씌운 왕관을 그 머리 위에 쓰고 있다. 솔로몬은 다윗과 밧세바의 아들이다. '그 모친의 씌운 면류관' 은 다윗이 사랑한 밧세바 때문에 쓴 면류관이기 때문이다. 자신의 어미 때문에, 또한, 아비 다윗의 사랑 때문에 쓴 왕관이다. 즉, 다른 사람의 공로로 씌인 면류관이라는 의미이다.

그리스도인들은 왕 같은 제사장들이다. 그리스도인들이 쓴 면류관은 예수 그리스도의 대속적 죽음과 공로로 된 것이다. 요한계시록 4장에서 24장로들이 자신들의 면류관을 하나님께 면류관을 던지고 있다.

이는 이 면류관마저도 자신들의 힘이 아니라 하나님의 은혜로 인함임을 고백하며 하나님을 높이고 있는 것이다.

제10강

신부를 향한 선포
영적 전쟁으로 부르시는 신랑 (4장 1~8절)

내 사랑 너는 어여쁘고도 어여쁘다. 너울 속에 있는 네 눈이 비둘기 같고 네 머리털은 길르앗 산기슭에 누운 무리 염소 같구나 네 이는 목욕장에서 나온 털 깎인 암양 곧 새끼 없는 것은 하나도 없이 각각 쌍태를 낳은 양 같구나 네 입술은 홍색실 같고 네 입은 어여쁘고 너울 속의 네 뺨은 석류 한 쪽 같구나 네 목은 군기를 두려고 건축한 다윗의 망대 곧 일천 방패, 용사의 모든 방패가 달린 망대 같고 네 두 유방은 백합화 가운데서 꼴을 먹는 쌍태 노루 새끼 같구나 날이 기울고 그림자가 갈 때에 내가 몰약산과 유향의 작은 산으로 가리라 나의 사랑 너는 순전히 어여뻐서 아무 흠이 없구나 나의 신부야 너는 레바논에서부터 나와 함께 하고 레바논에서부터 나와 함께 가자 아마나와 스닐과 헤르몬 꼭대기에서 사자 굴과 표범 산에서 내려다보아라

1. 신부를 향한 선포(1~5절)의 의미

4장에서 두 사람은 드디어 결혼을 한다. 그리고 아가서에서 최초로 술람미 여인을 신부라고 부른다.(4:8, 9, 10, 11, 12)

그리고 신랑은 신부의 삶에서 막 싹트기 시작한 아름다움을 8가지로 예언적으로 선포한다. 예언적 선포는 미래의 일이지만, 마치 오늘 이미 이루

어진 것처럼 선언하는 것이다. 그렇다. 비록 그리스도의 신부가 지금은 온전하거나 완성되지 않았지만, 신랑은 신부를 향한 계획을 반드시 완성하실 것이다.

사사기에서 겁쟁이 기드온을 향해 주님은 "큰 용사여!"라고 부르신 다. 그가 지금 '큰 용사'라서가 아니라 반드시 그를 그렇게 만드실 것이라는 선포이신 것이다. 신랑은 신부의 미성숙함과는 상관없이 신랑이 선포한 대로 만들어 가신다.

2. 신부를 향한 선포

내 사랑 너는 어여쁘고도 어여쁘다 너울 속에 있는 네 눈이 비둘기 같고

1) 비둘기 같은 눈 (4:1): : 일편단심, 한결같은 사랑

신부를 향한 첫 번째 칭찬은 '비둘기'이다. 이미 1장에서 언급했던 것처럼, 비둘기는 오직 한 사물에만 초점을 맞춘다. 이는 신랑 한 분만을 바라보는 신부의 시선을 의미한다. 또한, 비둘기는 짝이 죽어도 새로운 짝을 찾지 않는다. 이는 오직 신랑 한 사람에게만 헌신하는 신부를 의미한다. 신부의 신랑은 오직 신랑만을 향한다. 그 사랑이 나뉘지 않는다. 재미있는 것은 신부를 향한 칭찬이 신부의 환경과 관련되어 있다. 신부가 포도원지기, 양치기소녀이기 때문에 농부의 언어로 설명하시는 것이다.

2) 염소 떼 같은 머리털 (4: 1) : 헌신

네 머리털은 길르앗 산기슭에 누운 무리 염소 같구나.

신랑은 신부를 '네 머리털은 길르앗 산기슭에 누운 무리 염소' 같음'을 칭찬한다. 신부의 머리털은 헌신을 상징한다. 민수기 6장에서 나실인에 대한 규정을 보면 나실인들은 서원 기간 동안 머리털에 삭도를 대지 못하게 하셨다. 이는 쉬 권위에 대한 헌신과 순종을 상징한다.

또한, 염소 떼는 당당함을 상징한다. 잠언에서 위풍 있게 다니는 것 서넛이 있나니... 사자와 사냥개와 수 염소"라고 당당한 짐승 서너 가지를 말한다.

잠언 30:29 ~ 31
잘 걸으며 위풍 있게 다니는 것 서넛이 있나니 곧 짐승 중에 가장 강하여 아무 짐승 앞에서도 물러가지 아니하는 사자와 사냥개와 수 염소와 및 당할 수 없는 왕이니라.

신부는 신랑에게 온전한 헌신과 순종을 드리는 자이다. 그리고 그 헌신과 순종으로 인해 신랑이 부어주신 왕 같은 권위와 당당함이 있는 자이다. 비록 지금은 이런 모습이 온전하지 않지만, 신랑은 신부를 온전한 자리로 빚으실 것이다.

3) 목욕한 암양 같은 이 : 말씀을 씹을 수 있는 능력 (4: 2)

네 이는 목욕장에서 나온 털 깎인 암양 곧 새끼 없는 것은 하나도 없이 각각 쌍태를 낳은 양 같구나.

① 이를 가진 양

신랑은 두 번째로 신부를 '목욕장에서 나온 털 깎인 암양, 쌍태를 낳은, 이를 가진 양'으로 묘사한다. 이는 음식을 씹는 역할을 한다. 단단한 음식을 씹고 소화시키는 것은 이가 튼튼해야 가능하다.

그리스도의 신부들은 신부는 하나님의 말씀을 소화시키는 능력을 가져야 한다. 히브리서 저자는 그리스도의 신부들이 하나님의 말씀을 씹고 소화시켜서 점점 더 성장하고 성숙하기를 촉구한다.

히 5: 12~14
때가 오래므로 너희가 마땅히 선생이 될 터인데 너희가 다시 하나님의 말씀의 초보가 무엇인지 누구에게 가르침을 받아야 할 것이니 젖이나 먹고 단단한 식물을 못 먹을 자가 되었도다 대저 젖을 먹는 자마다 어린아이니 의의 말씀을 경험하지 못한 자요 단단한 식물은 장성한 자의 것이니 저희는 지각을 사용하므로 연단을 받아 선악을 분변하는 자들이니라

신부들은 말씀의 초보에서 벗어나 젖을 떼고 단단한 음식을 먹을 수 있는 능력을 가져야 한다. 의의 말씀을 먹고 소화시켜야 한다.

오늘날의 현대 교회 성도들은 어떠한가? 단단한 의의 말씀을 씹고 먹을 능력이 있을까? 아니면 말씀의 초보인 젖을 먹는 것에 익숙해져서 그저 머물러 있는 것은 아닌가?

② 목욕장에서 나온 털 깎인 암양

신랑은 신부를 목욕장에서 나온 털 깎인 암양으로 묘사한다. 그렇다. 그리스도의 신부들은 그리스도의 보혈과 말씀으로 목욕한 자들이다. 보혈과 말씀으로 거룩해진 존재요, 거룩해지고 있으며, 거룩해질 존재이다.

요13:10

예수께서 이르시되 이미 목욕한 자는 발밖에 씻을 필요가 없느니라. 온 몸이 깨끗하니라.

엡5:26

이는 곧 물로 씻어 말씀으로 깨끗하게 하사 거룩하게 하시고

③ 쌍태를 낳은 양 : 풍성한 열매, 결실을 맺는 신부

곧 새끼 없는 것은 하나도 없이 각각 쌍태를 낳은 양 같구나.

목욕한 암양 같은 이를 가진 신부는 또한, 쌍태를 낳은 양과 같다. 이것

은 그리스도의 신부들이 영적 해산을 할 것에 대한 예언적 선포이다. 그리스도의 신부들은 영적 아이들을 낳아야 한다. 사람이 장성하여 결혼하면 자녀를 낳는 것처럼 그리스도와 결혼하였으면 영적 자녀를 낳아야 한다.

4) 홍색 실 같은 입술 : 보혈로 구별된 입과 거룩한 언어

네 입술은 홍색 실 같고 네 입은 어여쁘고 너울 속의 네 뺨은 석류 한 쪽 같구나.

신랑은 신부의 입술이 홍색 실 같고 네 입은 어여쁘다고 칭찬한다. 홍색은 예수 그리스도의 보혈을 상징한다. 그리스도의 신부의 입술이 신랑 예수의 보혈로 씻겨서 정결하게 되는 것이다. 따라서 신부의 언어는 거룩한 언어이지, 부정적인 말이나 원망하는 말, 교회를 깨트리는 언어가 아니다.

약1:26
누구든지 스스로 경건하다 생각하며 자기 혀를 재갈 먹이지 아니하고 자기 마음을 속이면 이 사람의 경건은 헛것이라

5) 석류 같은 뺨(4:3) : 석류처럼 달콤한 사랑이 있는 신부

너울 속의 네 뺨은 석류 한 쪽 같구나.

빰은 감정을 드러나는 곳이다. 신부의 빰은 석류와 같다. 석류는 이스라엘 백성이 즐겨 먹는 달콤한 과일이다. 신부의 빰에는 붉은 석류처럼 신랑을 향한 사랑이 가득하다.

그리스도의 신부의 언어와 얼굴은 매우 중요한 부분이다. 예수님을 믿지 않는 사람들이 예수님에 대한 인식이 처음 생기는 것이 그리스도의 신부들의 언어와 얼굴, 삶이다. 신부들은 세상의 소금과 빛이다.

6) 다윗의 망대 같은 목 (4:4)

하나님께 항상 "예"라고 순종하고자 하는 준비된 의지

네 목은 군기를 두려고 건축한 다윗의 망대 곧 일천 방패, 용사의 모든 방패가 달린 망대 같고

① 목 : 사람의 의지를 상징

신랑은 신부의 목이 다윗의 망대 같음을 칭찬한다. 목은 의지를 말한다. 하나님은 반역하는 이스라엘 백성들을 향해 목이 굳은 자들이라고 책망하신다. 목은 굳고 뻣뻣한 노새와 같은 것은 하나님을 향해 불순종을 의미한다.

② 망대

가. 예루살렘을 지키기 위해 세운 높은 망대

나. 전쟁을 위해 무기를 보관함 (느 3: 19, 25)

또한, 망대는 적군이 쳐들어오는지 망을 보는 일종의 초소이다. 다윗의 망대는 예루살렘을 지키기 위해 세운 높은 망대이자, 이 전쟁을 위해 무기를 보관하기도 하였다.(느3:19, 25)

다윗의 망대라고 표현한 것은 의지를 늘 하나님께 고정시켰던 다윗처럼 신부의 의지가 늘 신랑에게 드려짐을 의미한다. 그러므로 신부의 목이 다윗의 망대와 같다는 것은 신부의 신랑을 향한 굳은 의지를 칭찬하는 것이다. 다윗의 망대는 항상 예라고 말하는 순종의 망대이다.

③ 곧 일천 방패, 용사의 모든 방패가 달린 망대 같고

1,000개의 방패가 상징하는 것은 하나님께 항상 "예"라고 말하고자 하는 신부의 의지로서 영적 전쟁에서 1,000개의 방패와 같음을 의미한다.

천개는 충분히 많다는 표현을 담은 상징적 숫자이다. 요한계시록에 나오는 것도 마찬가지이다. 10 곱하기 10 곱하기 10이 1000이다. 10은 충만수이다. 그러므로 천은 충만의 충만의 충만을 나타낸다.

모세의 10계명, 출애굽의 10재앙은 완전함을 나타내는 완전수이다. 10

과 3 모두 완전수이다.

'사울은 천천이요 다윗은 만만이요' 할 때도 천은 숫자라기보다 충만의 충만을 나타내는 상징이다.

베드로전후서에서 하나님에게는 '천년이 하루 같고 하루가 천 년 같다'는 말씀도 단순히 숫자적인 개념의 천 년을 의미하는 것이 아니다.

예전에 술람미는 두려워서 신랑과의 동역을 거절하지만, 그 후에는 단 한 번도 'No'라고 하지 않는다. 고후 1장 20절 "하나님의 약속은 얼마든지 그리스도 안에서 예가 되니니"라고 한다. 하나님께 순종하는 단호한 의지(목)는 사단의 나라를 대적하는 무기의 저장소와 같다.(망대) 하나님께 예라고 의지의 목을 드리는 자는 사단의 불화살을 다 막아내는 천개의 방패와 같다. 그러므로 그리스도의 신부에게 가장 중요한 싸움은 신부의 의지를 누구에게 복종시키는가의 싸움이다. 이 싸움에서 반드시 이겨야 한다.

7) 여린 사슴 같은 가슴(4:5)

네 두 유방은 백합화 가운데서 꼴을 먹는 쌍태 노루 새끼 같구나 : 순결함과 순수함으로 어린 자들을 먹이는 신부의 양육

① 유방 : 아기를 먹이는, 양육하는 능력

② 백합화 가운데 : 순결함 가운데

아가서를 살펴보면 유방과 가슴이 반복적 사용된다. 이 단어는 매우 중요한 의미를 갖는 단어이다. 유방은 상징적으로 어린 신자를 먹이는 말씀의 능력을 의미한다. 사슴 같은 가슴은 그리스도의 신부들이 순결한 가슴으로 준비되어야 한다는 의미이다. 70인역은 '능력의 말씀'으로 준비되어야 한다고 번역했다. 신부의 유방이 백합화 가운데 꼴을 먹는 노루 새끼 같다는 것은 어린 신자를 먹이는 신부의 말씀이 백합화처럼 순결해야 함을 의미한다. 순결한 말씀으로 어린 신자를 먹어야 한다.

신랑이 선포한 8가지 모습은 아직은 신부에게 온전하지 않지만, 시간이 흘러갈수록 신랑이 선포한 대로 완전하게 성취되어 간다.

3. 신부의 결심 (4:6)

'몰약의 산, 유향의 산일지라도 신랑과 함께 가겠다'

날이 기울고 그림자가 갈 때에 내가 몰약산과 유향의 작은 산으로 가리라.

1) 몰약의 산

신랑의 8가지 칭찬과 예언적 선포를 받은 신부는 이제 자신의 결단을 고백한다. 이 고백을 보면 2장 7절의 신부와는 완전히 다른 사람처럼 보인다.

몰약의 산, 유향의 산일지라도 신랑과 함께 가겠다는 결심을 하기까지 그녀는 많은 대가를 치렀다. 물론 신랑이 그녀를 바꿔 놓은 것이다.(혹자는 4:6의 화자를 솔로몬 왕으로 보기도 한다. 필자가 보기에는 술람미 여인의 결단의 고백으로 보는 것이 문맥상 더 자연스럽다.)

신랑은 2장에서 듣지 못했던 대답을 이제야 듣게 된다. 그녀는 당시에는 신랑의 제안에 순종할 준비가 되어 있지 않았다. 그러나 신랑은 정죄하지 않고 신부를 더 기다려 준다. 신랑의 사랑을 더 부어주자 신부가 스스로 깨닫고 이제는 신부 스스로 몰약의 산이나 유향의 산이라도 신랑만 있으면 가겠다고 고백한다.

몰약은 이미 여러 차례 말한 것처럼 예수의 십자가의 고난과 죽음을 상징한다. 신랑이 2장 7절에서 '일어나 함께 가자'라고 했던 곳이 바로 몰약의 산이었던 것이다. 신부는 비로써 고난이 있다 하더라도 몰약의 산에 신랑과 함께 가려고 한다.

이런 변화는 어디서 오는 것인가? 그것은 바로 신랑이 없는 삶이 얼마나 허무하고 의미 없는 것인가를 절실히 깨달았기 때문이다. 그래서 신랑과 함께 하는 곳이면 그곳이 고난의 산, 몰약의 산이라도 기꺼이 가고자 하는 것이다.

2) 유향의 산

또한, 신부는 유향의 산이라도 가겠다고 한다. 유향은 고무나무에서 나는 송진으로 만든 향이다. 구약 전통에서 유향은 기도의 향을 상징한다. 구약에서 성도의 기도는 자주 향으로 비유된다.

계시록 5: 8
책을 취하시매 네 생물과 이십사 장로들이 어린 양 앞에 엎드려 각각 거문고와 향이 가득한 금대접을 가졌으니 이 향은 성도의 기도들이라

시편 141 : 2
나의 기도가 주의 앞에 분향함과 같이 되며 나의 손드는 것이 저녁 제사같이 되게 하소서

또한, 기도의 단을 상징하는 성막의 분향 단에서 쓰이는 5개의 향 가운데 유향이 있다. 유향의 산은 곧 기도의 산이다.

3) 유향의 산과 몰약의 산과의 관계

유향의 산, 즉 기도의 산에 올라 힘을 공급받지 않으면 몰약의 산, 즉 자기부인의 십자가, 자기를 십자가에 못 박아야 하는 고난의 산, 몰약의 산에 오를 수 없다. 기도의 산에 올라간 만큼, 자기부인의 산에 오를 수 있다. 기도의 힘으로 십자가의 고난을 이길 수 있다.

4. 신부의 결단을 들은 신랑의 마음 (4:7)

나의 사랑, 너는 순전히 어여뻐서 아무 흠이 없구나.

신랑은 신부의 결단을 듣고 난 후에, 신부를 향해 '나의 사랑, 아무 흠이 없다'라고 선언하신다. 몰약의 산, 유향의 산이라도 신랑을 따르겠다고 하자, 신랑은 그녀를 완전한 자라고 하신 것이다. 이는 신부가 완벽해서가 아니다. 신랑을 향한 순종과 의지와 동기를 보시고 하신 말씀이다. 아무 흠 없는 신부는 도덕과 윤리적 흠을 말하는 것이 아니라 마음의 중심과 방향성과 동기를 말하는 것이다. 시편에서 도덕과 윤리가 아닌 마음과 중심이 하나님께 향해있는 자를 의인이라고 하는 것과 같다.

5. 비로써 처음으로 여인을 "신부(칼라)"라 부르심(4:8)

나의 신부야 너는 레바논에서부터 나와 함께 하고 레바논에서부터 나와 함께 가자 아마나와 스닐과 헤르몬 꼭대기에서 사자 굴과 표범 산에서 내려다보아라.

드디어 신랑은 술람미 여인을 '나의 신부여'라고 부르신다. 아가서에서 최초이다.

신부가 신랑과 함께 죽음 산이라도 가겠다고 하자 비로써 "나의 신부여"라고 하신 것이다. 단지 두 사람이 결혼했기 때문에 신부라 부른 것이 아니다. 신부가 몰약의 산, 골고다의 십자가를 지겠다고 하자 신부라고 부른다.

그렇다. 그리스도의 신부들이라면 신랑이신 예수님과 함께 십자가를 지러 골고다의 산으로 가야 한다. 아직 몰약의 산, 유향의 산에 가기를 꺼리는 신부들은 어린신부이다. 이들을 바울은 '그리스도안의 어린아이'라고 칭한다.

고전 3:1
형제들아 내가 신령한 자들을 대함과 같이 너희에게 말할 수 없어서 육신에 속한 자 곧 그리스도 안에서 어린 아이들을 대함과 같이 하노라.

6. 영적전쟁으로 신부를 부르심

나의 신부야 너는 레바논에서부터 나와 함께 하고 레바논에서부터 나와 함께 가자 아마나와 스닐과 헤르몬 꼭대기에서 사자 굴과 표범 산에서 내려다보아라.

1) 아마나산, 스닐, 헤르몬산 : 레바논 산지에서 가장 높은 산

2) 가장 높은 꼭대기로 부르심 : 높은 영적 차원으로 부르심

아마나산은 레바논에서 가장 높은 산이다. 스닐은 레바논의 헤르몬 산의 다른 이름이고 헤르몬 산의 정상을 지칭한다. 신랑은 신부에게 가장 높은 산, 높은 고지로 가자고 제안한다. 거기에는 맹수인 사자와 표범이 있는 곳이다.

그렇다. 신랑과 함께 영혼을 사자와 표범과 같은 사탄에게서 건지기 위해서는 영적 고지인 산꼭대기로 가야 한다. 거기에 있는 사자와 표범을 먼저 잡아야 한다. 강한 자를 결박해야 그 안에 세간을 가져올 수 있다. 신랑은 이제 신부와 함께 사단이 있는 영적 고지를 정복하고자 한다. 그리고 붙잡혀 있는 영혼을 구원하려는 것이다. '꼭대기에서 사자 굴과 표범 산에서 내려다보아라' 는 것은 영적 고지를 점령하자는 것이다.

그래서 마지막 때 신랑이 원하는 신부는 군화 신은 신부이다. 구원 얻은 신부는 신랑이신 그리스도께는 사랑스러운 신부이며, 사단을 향해서는 용맹한 전사이다.

제11강

신부에게 마음을 빼앗긴 신랑과 더 큰 사랑으로 나오는 신부 (4:9~5:1)

9 나의 누이, 나의 신부야! 오늘 나 그대에게 마음을 빼앗기고 말았다. 그대의 눈짓 한
번 때문에, 목에 걸린 구슬 목걸이 때문에, 나는 그대에게 마음을 빼앗기고 말았다.
10 나의 누이, 나의 신부야! 달콤한 그대의 사랑, 그대의 사랑은 포도주보다 더 나를 즐
겁게 한다. 그대가 풍기는 향내보다 더 향기로운 향기름이 어디 있느냐!
11 나의 신부야, 그대의 입술에서는 꿀이 흘러나오고, 그대의 혀 밑에는 꿀과 젖이 고
여 있다. 그대의 옷자락에서 풍기는 향내는 레바논의 향기와 같다.
12 나의 누이 나의 신부는 문 잠긴 동산, 덮어놓은 우물, 막아 버린 샘.
13 그대의 동산에서는 석류와 온갖 맛있는 과일, 고벨 꽃과 나도 풀,
14 나도 풀과 번홍꽃, 창포와 계수나무 같은 온갖 향나무, 몰약과 침향 같은 온갖 귀한
향료가 나는구나.
15 그대는 동산에 있는 샘, 생수가 솟는 우물, 레바논에 흐르는 시냇물이다.
16 남풍아, 불어라. 나의 동산으로 불어오너라. 그 향기 풍겨라. 사랑하는 나의임이 이
동산으로 와서 맛있는 과일을 즐기게 하여라.
5:1 [(남자)] 나의 누이, 나의 신부야! 나의 동산으로 내가 찾아왔다. 몰약과 향료를 거두
고, 꿀과 꿀송이를 따먹고, 포도주와 젖도 마셨다.(친구들) 먹어라, 마셔라, 친구들아! 사
랑에 흠뻑 취하여라.

1. 지금까지 이야기 흐름 정리

1장부터 시작된 두 연인간의 사랑은 많은 과정을 겪으면서 성숙해 간다. 정확히 말하면 신부가 성숙해져 간다. 2장에서 신랑과 함께 새로운 동역의 삶을 요구받은 신부가 신랑의 제안을 거부함으로 인해 신랑의 임재가 거두어지고 난 후, 신부는 외로움과 고통 속에서 신랑의 입맞춤의 사랑이 얼마나 큰 것인지 깨닫고 신랑을 찾아 나선다. 다시 신랑을 만난 신부는 3장에 신랑을 붙든다(아하즈). 그리고 신랑과 함께 다시 사랑의 여정을 시작한다.

신랑은 다시 만난 신부를 마음껏 축복하고 4장에서 드디어 솔로몬이 왕의 마차를 보내 술람미 여인을 아내로 맞아들인다. 그리고 신부에게 결혼식 당일 날, 신부의 고결함과 존귀함을 8가지로 선포한다.

이에 신부는 더 이상 안전지대에 머물지 않고 고난과 고통을 감수하더라도 신랑과 함께 몰약의 산, 유향의 산이라도 가기로 결단한다. 즉, 십자가를 질 것을 결단한다. 마음이 흡족한 신랑은 처음으로 술람미 여인을 신부라고 부른다. 그리고 신랑과 신부는 영혼 추수를 위해 레바논 높은 산에 올라가 사자와 표범을 정복한다. 유린당하는 하나님 백성을 구하고 하나님 나라를 세우는 동역자가 된다.

2. 신부에게 마음을 빼앗긴 신랑 (9절)

나의 누이, 나의 신부야! 오늘 나 그대에게 마음을 빼앗기고 말았다. 그대의 눈짓 한 번 때문에, 목에 걸린 구슬 목걸이 때문에, 나는 그대에게 마음을 빼앗기고 말았다.

1) 신부의 눈짓

신랑은 처음으로 신부에게 마음을 빼앗았다는 말을 한다. '빼앗았다'는 히브리어로 '리바브티니(히필형, 완료형)'으로, 정신없게 하다는 의미이다. 신부의 눈짓에 신랑의 마음이 단번에, 여지없이 빼앗겨 정신이 없다는 강조법이다.

신부가 안전지대를 버리고 신랑이 가는 곳이 죽음의 산 일지라도 따라 나서겠다고 하자 신랑은 신부에게 마음을 빼앗기신다. 신부의 한 번의 눈짓에 마음을 빼앗긴다. 왜 신랑은 한 번의 눈짓에 반해버린 것일까? 그것은 오직 신랑 예수 한 분만 바라보는 신부이기 때문이다.

2) 나의 누이(아호티)

신랑은 그동안 한 번도 나오지 않았던 호칭으로 신부를 부른다. 바로 '나의 누이'이다. 처음으로 나의 누이라고 부른다.

누이라고 표현한 것은 두 사람의 관계가 오누이 같다는 것을 의미한다.

신부인 술람미의 성품과 인격이 신랑인 솔로몬을 닮아가고 있기 때문이다. 마치 금술이 좋은 부부는 오누이처럼 서로 닮아가는 것처럼 말이다.

그리스도의 신부들은 신랑이신 예수님을 닮아가는 자들이다. 사람은 자기가 바라보고 있는 대상을 닮게 된다. 나는 누구를 닮아있는가?

롬8:29

하나님이 미리 아신 자들을 또한, 그 아들의 형상을 본받게 하기 위하여 미리 정하셨으니 이는 그로 많은 형제 중에서 맏아들이 되게 하려 하심이니라.

3) 목에 있는 구슬 목걸이

목에 걸린 구슬 목걸이 때문에, 나는 그대에게 마음을 빼앗기고 말았다. 신부의 목은 이미 설명한 것처럼 신부의 의지를 상징한다. 신부가 굳은 의지로 신랑을 따르기를 결단한 것 때문에 신랑은 기뻐한다.

3. 이 세상 어떤 포도주보다 더 즐거운 신부의 사랑

나의 누이, 나의 신부야! 달콤한 그대의 사랑, 그대의 사랑은 포도주보다 더 나를 즐겁게 한다. 그대가 풍기는 향내보다 더 향기로운 향 기름이 어디 있느냐!

1장에서 신부는 "신랑의 사랑이 이 세상의 어떤 포도주보다 더 낫습니다."라고 신랑의 사랑을 고백했다.

아가서 1: 2 "나에게 입 맞춰 주세요, 숨 막힐 듯 한 임의 입술로. 임의 사랑은 포도주보다 더 달콤합니다."

1장에서는 신부가 신랑의 사랑에 사로잡혔었다. 그러나 이제는 신랑이 신부의 사랑에 사로잡힌다(4장). 달콤한 신부의 사랑이 이 세상의 어떤 포도주보다 더 신랑을 즐겁게 한다. 또한, 이 세상에 신부가 풍기는 향내보다 신랑에게 더 향기로운 향은 없다. 1장에서 신부가 신랑에게 한 고백을 4장에서는 거꾸로 신랑이 신부에게 하고 있다. 신랑이 신부의 온전한 사랑에 반해 버린 것이다. 신랑과 신부는 서로의 온전한 사랑으로 서로가 서로에게 반해있다.

신랑이신 예수님은 이런 그리스도의 신부들을 찾고 계신다. 신랑 예수님의 마음을 흔들 신부들, 그분의 마음을 빼앗을 신부들이 나오기를 기다리고 계신다. 나는 어떤 신부인가? 신랑 예수님의 마음을 빼앗을 만큼 예수님을 사랑하고 있는가?

4. 꿀과 젖, 향기 같은 신부의 사랑 (11절)

나의 신부야, 그대의 입술에서는 꿀이 흘러나오고, 그대의 혀 밑에는 꿀과 젖이 고여 있다. 그대의 옷자락에서 풍기는 향내는 레바논의 향기와 같다.

신랑은 신부를 '꿀과 젖, 레바논의 향기와 같다'고 칭찬한다. 신부의 사랑이 신랑을 더 기쁘고 행복하게 하고 있다.

신부는 신랑에게 세상에서 가장 달콤한 꿀과 젖과 같다. 또한, 신부에게서 "거룩한 향기"가 품어져 나온다. 신부가 내뿜는 거룩한 향기에 신랑이 한껏 취한다.

그리스도의 신부들은 신랑 예수님에게 달콤한 꿀과 젖, 향기와 같은 존재이며, 또 그런 존재로 성숙해져야 한다. 어떤 신부가 과연 그런 존재가 될 수 있겠는가? 그것은 몰약의 산, 유황 산이라도 가겠다는 사랑으로 예수께 나가는 자들이다. 주님이 주시는 십자가를 기꺼이 지겠다는 사랑이 아니고는 예수님의 마음을 빼앗지 못한다.

몰약의 산, 십자가 죽음이라도 당신과 함께라면 가겠다고 하는 신부에게 신랑은 마음을 빼앗겼다. 이런 신부의 눈빛 한 번에 마음을 빼앗기신다. 나중에는 신부의 사랑이 너무 강렬해서 눈을 돌리라고 한다.(6:5) 신부가 뿜어내는 향기는 몰약의 산이라도 기꺼이 가겠다는 향기이다. 이 사랑의 고백에 신랑의 마음이 떨리신다. 아가서는 신부가 이런 신부가 되기를 촉구하고 있다.

5. 오직 예수님만을 위해서 드려진 신부의 마음과 생각 (12절)

나의 누이 나의 신부는 문 잠긴 동산, 덮어놓은 우물, 막아 버린 샘.

신랑은 신부를 잠긴(나울, 수동태) 동산, 덮어놓은(나울, 수동태) 우물, 막아 버린(하툼, 수동태) 샘이라고 말씀하신다. 잠긴 동산, 덮어놓은 우물, 막아 버린 샘은 신랑 외에 어떤 누구도 허용치 않는 신부의 마음을 의미한다. '나울, 하툼'은 모두 수동태 분사이다. 이는 누군가에 의해 잠기고 봉한 것이라는 뜻이다. 신부의 마음에 죄와 불순물이 들어오지 못하도록 덮어놓은 우물, 샘과 같다.

신부의 마음은 아무나 들어갈 수 있는 동산이 아니라 신랑만 들어갈 수 있는 잠긴 동산이다. 오직 신랑에게만 열려 있다.

그리스도의 신부들은 그 마음에 오직 신랑 예수님만 모셔야 한다. 마음에 온갖 탐심 즉, 음란, 교만, 인기, 명예, 권력, 자기애 등이 가득한지 늘 점검하고 다 버려야 한다.

살전 5:23
악은 모든 모양이라도 버리라 평강의 하나님이 친히 너희로 온전히 거룩하게 하시고 또 너희 온 영과 혼과 몸이 우리 주 예수 그리스도 강림하실 때에 흠 없게 보전되기를 원하노라

6. 열매와 향기가 가득한 삶을 사는 신부 (13절~14절)

그대의 동산에서는 석류와 온갖 맛있는 과일, 고벨 꽃과 나도 풀, 나도 풀과 번홍꽃, 창포와 계수나무 같은 온갖 향나무, 몰약과 침향 같은 온갖 귀한 향료가 나는구나.

신랑은 신부의 동산에 온갖 맛있는 과일, 꽃과 풀, 온갖 귀한 향료로 가득함을 인하여 칭찬한다. 이는 그리스도의 신부들이 신랑 예수님과의 깊은 친밀함과 교제(12절)의 결과로 그녀의 삶과 인격에 많은 거룩한 열매가 맺혀야 함과 그리스도를 드러내는 향기로 가득해야 함을 의미한다. 이것은 잠긴 동산처럼, 덮어놓은 우물과 막아 버린 샘처럼 그 마음에 오직 신랑만을 허락하여 신랑과 깊이 연합한 신부의 삶이 있었기에 가능한 것이었다.

어떤 마음 안에서는 예수님이 마음껏 쉬고 안식하시지만, 또 어떤 마음에서는 근심하시고 죄와 싸우신다. 나는 오직 신랑만을 위해 잠긴 동산, 덮어놓은 우물, 막아 버린 샘으로 살고 있는가?

7. 신부의 삶과 사역을 통해 흘러나오는 생수의 역사 (15절)

그대는 동산에 있는 샘, 생수가 솟는 우물, 레바논에 흐르는 시냇물이다.

신랑은 신부를 동산의 샘(마얀), 생수가 솟는 우물(베에르), 흐르는 시냇물로 묘사한다. 12절에서 신부를 동산, 우물, 샘이라고 한 것은 신부가 신랑만을 위해 감추어진 은밀하고, 구별된 자임을 의미한다면, 15절의 샘 우물, 시냇가는 다른 사람들을 위해 생수를 흘려보내야 하는 신부의 사명을 의미한다.

그리스도의 신부들은 신랑 예수와 깊은 사랑의 교제에서 받은 생수를 온 세상에 흘려보내는 자들이다. 신부들은 그냥 우물이 아닌 솟는 우물이고, 고여 있는 시냇물이 아니라 넘쳐흐르는 시냇물이다. 레바논의 시냇물은 레바논의 높은 산 위에서 흘러내리는 시냇물처럼 신부의 삶과 사역이 많은 사람의 갈증과 목마름을 해갈하고 먹이는 시냇물 같음을 말한다.

예수님이 요한복음에서 말씀하셨듯이, 생수의 역사가 신부의 삶에 넘쳐흐를 것을 말씀하셨다.

요7:38

나를 믿는 자는 성경에 이름과 같이 그 배에서 생수의 강이 흘러나오리라 하시니

12절부터 15절의 흐름을 잘 살펴보라.

12절에서의 신랑과의 깊고, 은밀히 구별된 친밀한 교제로부터 13~14절에서 신부의 삶에 풍성한 열매와 향기가 있게 되고, 그 결과 15절에서 신부 안에서 생수와 시냇물과 같은 성령님의 역사가 흘러넘쳐 온 세상에 미치게 되는 것이다.

아가서는 성령의 역사가 신부를 통해 열방과 민족을 향해 흘러가고 있음을 보여준다. 아가서는 선교의 책이다.

8. 신부의 더 깊은 헌신의 기도(16절)

북풍아 일어나라 남풍아 오라 나의 동산에 불어서 향기를 날리라. 나의 사랑하는 자가 그 동산에 들어가서 그 아름다운 열매 먹기를 원하노라.

신부는 북풍과 남풍을 향해 자신의 동산으로 불어오라고 외친다.

남풍은 히브리어 '태만'이다. '남쪽, 따뜻한'이라는 뜻이다. 봄, 여름의 훈훈하고 신선한 바람이다. 신부의 삶에는 축복, 형통의 바람이 부는 때가 있다.

그러나 인생에 남풍만 불지 않는다. 북풍도 불어온다. 북풍은 '차폰'으로 '북쪽, 매서운 바람'이라는 뜻이다. 신부의 신앙의 여정에서 때로는 따뜻한 남풍의 때도 있지만, 때로는 원치 않는 북풍의 바람이 불어올 때도 있다.

신부는 자신의 동산에 남풍만 불어오라고 하지 않는다. 열매를 맺기 위해, 필요하다면 매서운 무서운 '차폰'의 바람도 마다하지 않겠다고 다짐한다. 그녀는 신랑과 함께 하면 몰약의 산도 갈 각오가 되어 있기 때문이다. 신부는 자신의 삶에 어떤 역경, 고난, 핍박, 어려움의 바람이 불어올지라도 감당하고자 한다.

신부는 남풍을 먼저 부르지 않는다. 북풍을 먼저 부른다. 3장1절 전까지만 해도 그녀는 남풍만을 원했다. 그러나 신랑이 떠나가자 그녀는 어떤 것도 신랑이 없으면 아무것도 아님을 깨닫는다. 그리고 비록 자신의 삶에 북풍이 불어올지라도 신랑만 있으면 만족함을 배웠다.

그렇다. 신부의 삶은 북풍이 먼저이고 그다음이 남풍이다. 이 순서의 의미도 중요하다. 1장, 2장까지의 신부는 오직 자신의 영적 만족을 위해 남풍만을 기도해 왔다. 그러나 3장에서 신랑의 임재가 걷히는 경험을 통해 그녀는 신랑 한 분만을 추구하겠다는 의지를 다짐하게 된다. 신부는 더 이상 그녀의 마음과 생각, 인생과 미래가 자신의 것이 아니고, 신랑의 것임을, 하나님의 소유임을 인정한다.

9. 신부의 사명: 열매 맺기

신부가 북풍과 남풍을 자신의 동산에 불어오라고 하는 이유는 열매를 맺기 위함이다. 왜냐하면, 신랑이신 예수님은 신부에게 열매를 원하기 때문이다. 성경 전체에서 하나님의 요구는 꽃이 아니고 열매이다. 열매는 사랑, 신앙의 인격이다. 따라서 오늘도 사랑이 깊어지고 있는지 점검해야 한다.

열매는 그저 맺어지지 않는다. 뜨거운 태양 빛도 견디고, 매서운 바람도 견디면서, 때가 되어야 여문다. 태양 빛과 바람이 너무 강하면 열매를 맺기 어렵다. 그러나 뜨거운 태양빛과 매서운 바람이 없어도 열매는 영글지 않는다. 신부도 남풍만으로는 열매가 없다는 것을 안다. 그렇기 때문에 신부는 열매를 맺기 위해서는 북풍도 불어도 한다고 선언하고 있는 것이다. 그리고 이 신부의 삶에 실제 매서운 북풍이 불어든다. 이런 신부의 고백 때문에 신랑이 마음을 빼앗기는 것이다.

10. 그녀의 동산에서 신랑의 동산으로

(남자) 나의 누이, 나의 신부야! 나의 동산으로 내가 찾아왔다. 몰약과 향료를 거두고, 꿀과 꿀송이를 따먹고, 포도주와 젖도 마셨다.

신부는 신랑에게 "나의 동산" 즉, 그녀의 동산에 오셔서 열매를 드시도록 초청했다(4:16) 그러자 신랑은 '나의 동산' 즉, 신랑 자신의 동산이라고 선언하신다. 신랑은 더 이상 이 동산이 "신부의 동산"이 아닌 "신랑의 동산"임을 말씀하신다.

신부의 삶은 더 이상 자신의 삶이 아니다. 이제부터 신부의 삶은 신랑의 삶이다. 그녀의 모든 삶 전체는 신랑의 것, 신랑의 소유이다.

나는 나의 삶이 주님의 것이라고 인정하는가? 더 이상 나의 동산이 아니라 그의 동산인가?

11. 신부의 동산에 신랑이 먹을 많은 것들이 준비됨

몰약과 향료를 거두고, 꿀과 꿀송이를 따먹고, 포도주와 젖도 마셨다.

그녀가 가꾼 동산에는 신랑이 먹을 만한 많은 것들이 있다. 꿀과 꿀송이, 포도주와 젖, 몰약과 향료이다. 몰약과 향료는 신랑의 십자가 죽음을 본받은 신부의 향으로 자기를 부인함으로 발하는 향이다. 꿀과 꿀송이, 포도주와 젖은 다른 영혼들을 먹일 수 있는 꿀과 같고, 젖과 같은 말씀으로 준비된 신부를 상징한다.

12. 많은 사람들을 위한 동산

(친구들) 먹어라, 마셔라, 친구들아! 사랑에 흠뻑 취하여라.

신랑과 신부의 동산에 있는 많은 열매와 포도주와 젖, 그리고 향료를 많은 신부의 친구들(예루살렘의 딸들, 예비신부들)이 함께 먹도록 초청이 된다. 이들마저도 신랑과 신부의 사랑에 흠뻑 취하게 된다.

제12강

신부를 향한 테스트 (5:2~9)

(여자) 나는 자고 있었지만, 나의 마음은 깨어 있었다. 저 소리, 나의 사랑하는 이가 문을 두드리는 소리. "문 열어요! 나의 누이, 나의 사랑, 티없이 맑은 나의 비둘기! 머리가 온통 이슬에 젖고, 머리채가 밤이슬에 흠뻑 젖었소."

아, 나는 벌써 옷을 벗었는데, 다시 입어야 하나? 발도 씻었는데, 다시 흙을 묻혀야 하나?

사랑하는 이가 문틈으로 손을 들이밀 때에, 아, 설레이는 나의 마음.

사랑하는 이를 맞아들이려고 벌떡 일어나서 몰약에 젖은 손으로, 몰약의 즙이 뚝뚝 듣는 손가락으로 문빗장을 잡았지.

사랑하는 이를 맞아들이려고 문을 열었지. 그러나 나의 임은 몸을 돌려 가 버리네. 임의 말에 넋을 잃고 그를 찾아 나섰으나, 가버린 그를 찾을 수 없네. 불러도 대답이 없네.

성읍을 순찰하는 야경꾼들이 나를 때려서 상처를 입히고, 성벽을 지키는 파수꾼들이 나의 겉옷을 벗기네.

부탁하자, 예루살렘의 아가씨들아, 너희가 나의 임을 만나거든, 내가 사랑 때문에 병들었다고 말하여 다오.

(친구들) 여인들 가운데서도 빼어나게 예쁜 여인아, 너의 임이 다른 임보다 무엇이 더 나으냐? 너의 임이 어떤 임이기에, 네가 우리에게 그런 부탁을 하느냐?

3장에서 신랑은 신부가 안전지대를 벗어나기를 거부하자 신부를 떠난다. 그리고 5장에서 다시 한 번 신부를 떠난다. 그러나 5장의 떠남은 3장의 떠남과는 다른 차원이다. 3장의 고난은 신부의 불순종 때문이다. 즉, 야곱의 이다. 자아를 부수기 위한 고난이다.

그러나 5장에서의 신랑의 떠남은 신부의 불순종 때문이 아니라 신부를 더 높은 차원으로 이끌어 가기 위한 의도적 훈련이다. 즉, 요셉의 고난, 욥의 고난이다. 신부를 더 깊은 차원으로 성숙시키기 위한 신랑의 전략이다.

마찬가지로 그리스도의 신부의 삶에는 야곱의 고난, 요셉과 욥의 고난, 두 종류의 고난이 있다. 예수님은 당신의 신부들을 온전한 성숙의 자리에 이끌기 위해 고난을 허락하신다. 신부는 이러한 고난을 통해 온전한 신부로 성숙해져 간다.

1. 신랑이 신부를 다시 부르심 (2~5절)

(여자) 나는 자고 있었지만, 나의 마음은 깨어 있었다. 저 소리, 나의 사랑하는 이가 문을 두드리는 소리. "문 열어요! 나의 누이, 나의 사랑, 티없이 맑은 나의 비둘기! 머리가 온통 이슬에 젖고, 머리채가 밤이슬에 흠뻑 젖었소."

1) 잘지라도 마음이 깨었는데

어떤 사람들은 5장 전체를 그저 꿈으로 보기도 한다. 신랑은 잠을 자고 있는 신부를 다시 찾아오신다. 신부는 잠을 자고 있었지만, 마음은 깨어 있다. 신부는 잠자는 순간까지 신랑을 향한 마음으로 가득하다.

그렇다. 마지막 때 그리스도의 신부들은 마음과 영이 깨어 있어야 한다. 예수님은 겟세마네 동산에서 잠을 자고 있는 제자들에게 '한 시라도 깨어있을 수 없더냐'라고 하셨다. 그리스도의 신부는 깨어있는 자들이어야 한다. 깨어있다는 것은 이 시대의 가치와 풍조에 물들지 않기 위해 진리의 말씀으로 깨어 있고, 기도로 깨어 있어, 신랑 예수님의 재림을 준비하는 것이다.

2) 나의 누이, 나의 비둘기, 나의 완전한 자

"문 열어요! 나의 누이, 나의 사랑, 티 없이 맑은 나의 비둘기! 머리가 온통 이슬에 젖고, 머리채가 밤이슬에 흠뻑 젖었소. "

3) 나의 완전한 자, 나의 비둘기

완전하신 분은 오직 하나님 한 분이시다. 그럼에도 불구하고 신랑은 신부에게 완전한 자라고 한다. 여기서의 완전함은 신부의 행위의 완전함이 아니라 신부의 동기와 자세의 완전함이다. 신부는 신랑에게 비둘기와 같다. 이미 말한 것처럼 비둘기는 '싱글 포커스'다. 오직 한 번에 하나만 볼 수 있다. 그러기에 비둘기 같은 그리스도의 신부들은 신랑이신 예수님 한 분만 추구하는 존재이다.

4) 머리털이 밤이슬로 가득한 신랑

신부에게 찾아온 신랑은 밤새 밤이슬을 맞아 머리가 젖어 있다.

예수님도 겟세마네 동산에서 자신의 신부들을 위해 새벽까지 기도하셨다. 예수님은 죄인들을 중보하시는 대 제사장이시다.

2. 신부의 반응 (3 ~5절)

1) 순간의 갈등 (3절)

'아, 나는 벌써 옷을 벗었는데, 다시 입어야 하나? 발도 씻었는데, 다시 흙을 묻혀야 하나?'

신랑의 부르심에 신부는 잠시 갈등을 한다. 이미 씻고 옷도 벗고 잠을 자고 있었기 때문이다. 이것은 불순종이라기보다는 부르심에 대한 갈등이라고 봐야 할 것이다. 그리고 이것이 나쁜 것은 아니다. 오히려 갈등이 있다는 것은 신랑을 향한 사랑이 있기에 갈등도 하는 것이다.

3장에서 신랑의 부르심에 대해 신부는 단번에 거절했다. 전혀 갈등이 없었다. 그러나 5장에서는 신랑의 부르심에 신부는 갈등한다. 순종하고자 하는 마음과 자신을 위한 마음이 싸우는 것이다. 갈등한다는 것 자체가 신부가 성장하고 있다는 증거이다.

2) 문틈으로 손을 내미시는 신랑과 신부의 마음 (4절)

사랑하는 이가 문틈으로 손을 들이밀 때에, 아, 설레이는 나의 마음.

신랑은 문틈으로 손을 내민다. 문은 신부의 마음의 문이다. 신부가 마음의 문을 열기를 원하신다. 이때 신부의 마음은 설레이고 심장이 두근거린다.

'내 심장이 그분 때문에 두근거리네(쉬운 성경)'

그렇다. 그리스도의 신부들은 세상의 그 어떤 것으로 인해서가 아니라 신랑으로 인해 심장이 두근거리는 자이다. 나는 무엇에 설레이고 마음이 두근거리고 있는가?

3) 일어나 문을 여는 신부 (5절)

사랑하는 이를 맞아들이려고 벌떡 일어나서 몰약에 젖은 손으로, 몰약의 즙이 뚝뚝 듣는 손가락으로 문빗장을 잡았지.

2장에서 신부는 "일어나 함께 가자"는 신랑의 요구를 거절했다. 그러나 지금은 설레는 마음으로 신랑을 향해 벌떡 일어선다.

4) 몰약의 즙으로 가득한 신부의 손 (5절)

신부의 손은 몰약의 즙으로 가득하다. 몰약은 장례식에서 쓰인다. 몰약은 장례식에서 시신에 발라 부패와 냄새를 막은 역할을 한다. 예수님에게 동방박사들이 드린 예물 중 하나가 몰약이다.

신부의 손에 몰약의 즙이 가득한 것은 신랑 예수가 십자가의 고난과 죽으신 것처럼 그리스도의 신부도 자기부인과 십자가의 죽음에 자신을 드린 결과 몰약의 향과 즙이 손에 가득한 것을 의미한다.

특히 몰약의 즙이 '손'에 가득하다고 하여 손을 강조하는 것은 상징성을 지닌다. 손은 실제 삶을 의미한다. 신부는 자기 부인과 십자가의 죽음을 구체적인 일상의 삶 속에서 실천해야 함을 의미한다.

4:6과 4:16에서 "몰약의 산일지라도" 신랑을 따르겠다는 신부의 결단의 결과이다.

3. 신부를 향한 2가지 테스트

사랑하는 이를 맞아들이려고 문을 열었지. 그러나 나의 임은 몸을 돌려 가 버리네. 임의 말에 넋을 잃고 그를 찾아 나섰으나, 가버린 그를 찾을 수 없네. 불러도 대답이 없네.

1) 첫 번째 테스트: 신랑의 부재

5장에서 신랑은 신부를 더 깊고 높은 차원으로 이끌어가기 위해 전략적으로 신부를 떠난다. 3장에서 신랑이 신부를 떠나는 것은 신부의 불순종 때문이다. 그러나 5장에서는 오히려 신부가 신랑의 부르심에 순종했는데도 신랑은 떠난다. 신부를 향한 다른 시즌, 다른 훈련이 시작된 것이다.

이것은 소위 "영혼의 어두운 밤"이다. 이유도, 원인도 모르고 겪어야 하는 고난의 밤이다. 마치 요셉의 고난과 욥의 고난, 예수님의 고난과 같다.

신부의 죄나 불순종 때문이 아닌데도 신랑은 의도적으로 신부는 어두운 밤으로 이끌어 가신다.

신랑 예수님은 때로는 신부의 기도, 아픔, 현실에 침묵하신다. 이 어려운 시기, 영혼의 어두운 밤을 지날 때에 신부가 어떻게 반응하는 지를 테스트하신다. 이때 신부는 신랑에게 순결한 사랑을 계속해서 드려야 한다. 이때도 신랑은 신부가 "신랑의 사랑은 내 깃발(아2:4)" 즉 "나를 인도하신 깃발"이라는 고백을 드리는지를 보신다.

2) 두 번째 테스트 : 가까운 사람들로 부터의 모욕과 빼앗김 (7절)

성읍을 순찰하는 야경꾼들이 나를 때려서 상처를 입히고, 성벽을 지키는 파수꾼들이 나의 겉옷을 벗기네.

신부는 신랑을 찾으러 다니다가 성읍의 순찰자들과 파수꾼들을 만난다. 이들은 신부를 때리고 상처를 입히고, 신부의 겉옷을 벗긴다. 이 순찰자들이 3장에서 술람미 여인을 도와주었던 자들인지는 분명하지는 않지만, 만일 같은 사람들이라면 이들이 5장에서는 술람미 여인에 대한 태도가 완전히 돌변한 것이다. 아마 밤늦게 제대로 옷도 입지 않고 돌아다니는 술람미 여인을 창녀로 오해했을 수도 있다.

그리스도의 신부들은 가까운 사람들로부터 공격을 받는 일이 있다. 나를 가장 잘 아는 자들, 나와 가까운 자들이 갑자기 태도가 돌변하여 나에게 상처를 주고, 비난하고, 조롱하고, 모욕한다. 한때 나를 도왔던 자들마저도 나에게 돌아선다. 예수님도 같은 고난을 당하셨다. 환호했던 군중도, 3년이나 동고동락 제자들도 다 십자가 앞에서 주님께 등을 졌다.

그리스도의 신부들을 향한 두 번째 테스트는 믿었던 지도자들의 핍박과 배반이다.

신부는 파수꾼들에 의해 겉옷을 빼앗긴다. 밤의 추위가 영하로 떨어지는 이스라엘 땅에서 겉옷을 빼앗는 일은 생명의 위협이 될 수 있기에 율법에서도 금하는 일이다. 파수꾼들은 본래 적군의 침략을 성의 백성들에게 미리 알려주는 사람들이다. 이들은 오히려 신부의 겉옷, 사역을 빼앗아 버린다.

겉옷을 빼앗는 것은 그리스도의 신부들의 사역, 지위, 명예를 다 빼앗아 간 것을 의미한다. 믿었던 순찰대가 돌변하여 신부의 겉옷을 벗긴다. 야곱이 요셉에게 입혀준 채색 옷을 형들이 벗기는 것과 같은 의미이다. 요셉은 채색 옷이 벗겨지고, 죄수의 옷을 입고 바로 앞에 선 후에 총리 옷을 입는다. 마치 예수님이 하늘의 영광의 옷을 벗으시고, 죄인의 옷을 입고 대속의 십자가에서 죽으시고, 부활한 후 다시 하늘에서 영광의 옷을 입으신 것과도 같은 의미이다. 이런 의미로 볼 때 요셉은 '옷 바꿔 입는 이야기'이다.

5장의 두 가지 테스트는 가까운 사람에게 당하는 배신과 핍박의 아픔이다. 그리고 이들을 향한 신부의 반응이 어떠한지를 테스트하신다. 이 순간에도 신랑을 향한 마음이 변함이 없는지, 또한, 자신을 핍박한 자들을 어떻게 대하는지에 대한 테스트이다.

5장의 첫 번째 테스트는 아무런 설명도 없이 신랑의 임재를 거두는 것이고, 두 번째 테스트는 믿었던 사람들로부터 당하는 배신과 핍박이다. 수많은 사람이 이 단계에서 주님을 향한, 또한, 사람들을 향한 분노로 망가지거나 아니면 절망으로 무너진다.

이 두 가지 테스트를 극복하지 못하면 그다음에 준비된 하나님의 축복을 경험하지 못한다. 수많은 사람이 그다음의 축복(아가서 6장-8장)을 경험하지 못하고 인생을 마무리한다.

신부가 '몰약의 산이라도 가겠다', '북풍아 불어오라'라고 고백했기 때문에 실제 북풍이 불어오고 있는 것이다. 원래 신부는 가시밭에 핀 백합화이다. 가시밭과 같은 세상에서 신랑을 향해 피어있는 순결한 백합화처럼 사는 존재이다.

3) 거룩한 상사병

부탁하자. 예루살렘의 아가씨들아. 너희가 나의 임을 만나거든. 내가 사랑 때문에 병들었다고 말하여 다오.

순찰대와 파수꾼들에게 핍박을 당하고 겉옷을 빼앗겼는데도 신부는 분노하거나 절망하는 대신 오히려 놀랍게도 신랑을 향한 사랑이 더 깊어진다. 신랑을 향한 사랑으로 병이 든다. 즉 거룩한 상사병이 걸린다. 신랑을 찾는 것 외에 신부는 아무런 관심도 없다. 분노도, 절망도, 복수심도 없다. 그저 신부는 신랑을 찾아야 한다는 생각밖에 없다.

신랑 예수님을 향한 이런 마음을, 이런 불같은 열정을, 이런 순결한 사랑을 가진 사람들을 그리스도의 신부라고 하는 것이다. 이런 사람들을 주님은 '나의 신부, 나의 비둘기'라고 부르신다. 주님은 이런 신부들에게 한번에 마음을 빼앗겼다고 하신다.

'내가 사랑 때문에 병들었다'라는 신부의 고백은 이미 2장 5절에서 나온 고백이다. 그러나 같은 고백이지만 고백의 배경과 상황은 다르다. 3장은 신부의 불순종으로 인한 고통 속에서 드린 고백이라면, 5장은 아무런 잘못도 없이 이유도 모르게 당하는 고통 속에서 드린 고백이라는 점이다. 이유를 모르고 당하는 욥의 고난처럼, 5장의 신부의 고난은 견디기가 훨씬 더 어렵다. 이런 배경에서 신부는 '내가 사랑 때문에 병들었다'라고 고백하는 것이다.

그리스도의 신부들에게도 이런 시즌이 온다. 이유도 모르고 당하는 고난을 겪으면서도 오히려 신랑 예수님께 "더 큰 사랑을" 드리는 시즌이다. 이 시즌은 그리스도 신부들의 환경과 상황이 더 어려워지고, 하나님의 침묵이 더 길어지고, 하나님의 일하심과 임재에 대한 느낌조차 느낄 수가 없을 때이다. 이런 때에 신부들은 신랑에게 더 큰 사랑, 너무나 사랑하여 상사병에 걸릴 만큼의 순결한 사랑을 드리며 나아갈 것인지, 아니면 억울해서 분노하며, 절망하며, 심지어 하나님을 배반하여 떠나 자기연민과 자기의 한에 빠져있을 것이지 결정해야 한다.

신랑 예수님은 당신의 신부들에게 "나의 임재와 도우심이 없을 때도 나는 너의 사랑이니? 나는 너의 주인이니?"라고 물으신다. 대답해 보라, 이런 때에도 그분이 "내 사랑"인가?

술람미 여인처럼 환경과 처지가 아무리 어렵고, 하나님의 침묵이 길어져도 더 큰 사랑을 드려야 한다. 이때도 '나는 너의 주인인가?'라는 질문에 '예'라고 대답하는 것을 경외, 히브리어로 '야레'라고 한다. 이런 상황에도

'하나님이 나의 하나님이시며, 하나님은 언제나 옳으시고, 언제나 하나님은 선하시다'라고 고백하는 것이야말로 '야레', 하나님을 경외하는 것이라고 할 수 있다.

하나님을 경외함이 가장 잘 드러난 것은 아브라함이 이삭을 번제물로 바치는 사건이다. 도저히 이해할 수 없는 상황에서도 선하신 하나님을 신뢰하는 것이 '야레'이다. 그리스도의 신부들은 신랑 예수를 경외하는 자들이다.

제13강

고난의 한 가운데서 드리는 신부의 10가지 사랑 고백 (5:9~6:5)

(친구들) 여인들 가운데서도 빼어나게 예쁜 여인아, 너의 임이 다른 임보다 무엇이 더 나으냐? 너의 임이 어떤 임이기에, 네가 우리에게 그런 부탁을 하느냐?

(여자) 나의 임은 깨끗한 살결에 혈색 좋은 미남이다. 만인 가운데 으뜸이다.

머리는 정금이고, 곱슬거리는 머리채는 까마귀같이 검다.

그의 두 눈은 흐르는 물가에 앉은 비둘기. 젖으로 씻은 듯, 넘실거리는 못 가에 앉은 모습이다.

그의 두 볼은 향기 가득한 꽃밭, 향내음 풍기는 풀언덕이요, 그의 입술은 몰약의 즙이 뚝뚝 듣는 나리꽃이다.

그의 손은 가지런하고, 보석 박은 반지를 끼었다. 그의 허리는 청옥 입힌 상아처럼 미끈하다.

그의 두 다리는 순금 받침대 위에 선 대리석 기둥이다. 그는 레바논처럼 늠름하고, 백향목처럼 훤칠하다.

그의 입 속은 달콤하고, 그에게 있는 것은 모두 사랑스럽다. 예루살렘의 아가씨들아, 이 사람이 바로 나의 임, 나의 친구

(친구들) 여인들 가운데서도 빼어나게 아리따운 여인아, 너의 임이 간 곳이 어디냐? 너의 임이 간 곳이 어딘지 우리가 함께 임을 찾아 나서자. (여자)

나의 임은, 자기의 동산, 향기 가득한 꽃밭으로 내려가서, 그 동산에서 양 떼를 치면서

나리꽃을 꺾고 있겠지.

나는 임의 것, 임은 나의 것. 임은 나리꽃 밭에서 양을 치네.

(남자) 나의 사랑 그대는 디르사처럼 어여쁘고, 예루살렘처럼 곱고, 깃발을 앞세운 군대처럼 장엄하구나.

그대의 눈이 나를 사로잡으니, 그대의 눈을 나에게서 돌려 다오. 그대의 머리채는 길르앗 비탈을 내려오는 염소 떼 같구나.

1. 신부의 삶이 주변에 미치는 영향력

여인들 가운데서도 빼어나게 예쁜 여인아, 너의 임이 다른 임보다 무엇이 더 나으냐? 너의 임이 어떤 임이기에, 네가 우리에게 그런 부탁을 하느냐? (9절)

9절은 예루살렘 딸들의 질문이다. 이들은 술람미 여인의 '거룩한 상사병'을 보고 신랑에 대한 호기심이 생겼다. 도대체 신랑이 어떤 자이기에 다른 남자보다 이토록 그리워하는지, 그에게만 있는 더 나은 점이 무엇인지 궁금해한다.

예루살렘 딸들은 아직은 미성숙한, 영적으로 둔한 자들, 그리스도의 성숙한 신부의 자리로 초대받고 있는 예비 신부들이다. 이들은 술람미에게 보이는 신랑을 향한 사무치는 사랑과 그리움의 이유가 무엇인지 궁금해한다. 신랑이 떠나가고, 가까운 지인들의 비난과 조롱 속에서도 왜 신랑을 사랑하는지를 알고 싶어 한다.

여기에 중요한 메시지가 있다. 그리스도의 신부들이 고난을 통과하는 과정 속에서 주변 사람들에게 거룩한 영향을 끼칠 수 있는 자들이 되어야 한다는 것이다. 나의 능력, 나의 은사 때문이 아니라 예수님을 향한 "나의 사랑" 때문에 주님을 모르는 사람들이 주님을 궁금하게 만들고 있는가?

예루살렘 딸들은 술람미 여인을 "여인 중에서 가장 예쁜 여인"으로 묘사한다. 솔로몬 왕의 사랑을 한 몸에 받고 있는 이 여인의 아름다움이 다른 사람들에게도 귀하게 보이는 이유는 신랑을 향한 순결한 사랑과 열정 때문이다.

그리스도의 신부들 가운데 누가 가장 아름다운 신부인가? 나는 그리스도에게 어떤 신부인가?

예루살렘 딸들은 술람미 여인을 부러워하기는 하지만 아직 이런 자리에 오지 못하고 그저 호기심을 가지고 부러워하는 자들이다. 이들은 아직까지 신랑 예수님만을 사랑하는 것이 아니다. 신랑보다 더 사랑하는 다른 것들이 있기 때문에 '예비 신부'의 자리에서 머물고 있는 것이다. 나는 신랑 예수님보다 더 사랑하는 것이 있는가? '물질, 사람, 인기, 인정, 위로, 축복, 능력, 은사, 안정된 미래?' 그것이 무엇인가?

이런 것들이 틀려서가 아니라 신랑보다 더 사랑하고 있는지 돌아봐야 한다.

미성숙한 딸들(예비 신부들)은 이런 상황에서 신부의 모습을 보며 '이렇게까지 신부가 사랑하는 신랑이라면 나도 그런 신랑에게 반하고 싶다'라고 고백한다.

가끔 교회에서 간증집회를 하는 경우가 있다. 큰 어려움을 이겨낸 후에 역전의 하나님을 간증하는 간증자들이 99%다. 어려운 상황에 있는 성도들에게 나도 저렇게 될 수 있다는 희망을 주는 간증이다. 그러나 필자는 다른 종류의 간증자들도 필요하다고 생각한다.

비록 어려움이 해결되지 않을지라도, 사람들에게 하나님을 하나님으로, 신뢰할 만한 분으로 소개하는 간증자들 말이다. 술람미의 간증과 모습은 아직 문제가 해결되지 않는다 할지라도 신랑을 향한 사랑과 신뢰가 더 빛을 발한다. 그녀는 문제의 한복판에서도 여전히 하나님을 신뢰할 수 있는 분으로 찬양한다.

2. 신부의 첫 번째 대답 (10~16절)

1) 신랑의 10가지 아름다움을 자랑하는 신부

신부는 이해할 수 없는 고난 속에서도 오히려 신랑의 10가지 아름다움을 고백함으로 고난에서 승리한다. 이는 예루살렘의 아가씨들이 신랑이 다른 남자보다 나은 것이 무엇인지 물어보는 것에 대한 대답에서 충분히 드러난다. 또한, 이런 신부의 10가지 고백이 끝나자마자 신랑은 기다렸다는 듯이 나타난다. 신랑의 10가지 아름다운 모습은 신랑 예수님의 10가지 아름다운 성품이다.

3. 신부의 10가지 고백

*** 서론적 선포 (10절): 모든 사람보다 뛰어나신 분이다.**

나의 임은 깨끗한 살결에 혈색 좋은 미남이다. 만인 가운데 으뜸이다.

신부는 신랑을 깨끗한 살결을 가진 아름다운 분이라고 선언한다. 예수 그리스도는 거룩하고 아름다운 분이시다. 또한, 그분은 만인 가운데 으뜸이다. 예수님은 모든 사람보다 뛰어나신 분이다. 모든 피조물의 머리이시다.

히브리서도 대 제사장이신 예수 그리스도가 모든 사람보다 뛰어나신 분임을 말씀한다.

히 3:1-3
그러므로 함께 하늘의 부르심을 받은 거룩한 형제들아 우리가 믿는 도리의 사도이시며 대제사장이신 예수를 깊이 생각하라 그는 자기를 세우신 이에게 신실하시기를 모세가 하나님의 온 집에서 한 것과 같이 하셨으니 그는 모세보다 더욱 영광을 받을 만한 것이 마치 집 지은 자가 그 집보다 더욱 존귀함 같으니라.

골로새서의 주제도 만민의 머리되심은 모든 것에 으뜸 되는 예수님이다.

골 1:15-18

그는 보이지 아니하는 하나님의 형상이시요 모든 피조물보다 먼저 나신이시니 만물이 그에게서 창조되되 하늘과 땅에서 보이는 것들과 보이지 않는 것들과 혹은 왕권들이나 주권들이나 통치자들이나 권세들이나 만물이 다 그로 말미암고 그를 위하여 창조되었고 또한, 그가 만물보다 먼저 계시고 만물이 그 안에 함께 섰느니라 그는 몸인 교회의 머리시라 그가 근본이시요 죽은 자들 가운데서 먼저 나신이시니 이는 친히 만물의 으뜸이 되려 하심이요 이렇듯 그리스도의 신부들은 예수 그리스도가 모든 사람, 모든 만물 모든 이름 위에 뛰어나신 분임을 고백하고 인정하는 자들이다.

빌 2:6-11

그는 근본 하나님의 본체시나 하나님과 동등됨을 취할 것으로 여기지 아니하시고 오히려 자기를 비워 종의 형체를 가지사 사람들과 같이 되셨고 사람의 모양으로 나타나사 자기를 낮추시고 죽기까지 복종하셨으니 곧 십자가에 죽으심이라 이러므로 하나님이 그를 지극히 높여 모든 이름 위에 뛰어난 이름을 주사 하늘에 있는 자들과 땅에 있는 자들과 땅 아래에 있는 자들로 모든 무릎을 예수의 이름에 꿇게 하시고 모든 입으로 예수 그리스도를 주라 시인하여 하나님 아버지께 영광을 돌리게 하셨느니라.

1) 신랑의 머리는 순금 같고 (11절) → 머리 : 모든 것 위의 주권자이심

머리는 정금이고,

신부는 신랑의 아름다움을 머리에서부터 칭찬하기 시작한다. 반대로 나중에 신랑이 신부를 칭찬하는 순서는 발부터 머리까지이다.

신랑의 머리가 순금 같다는 것은 예수 그리스도가 모든 것의 주권자이심을 의미한다. 순금은 변하지 않음을 상징한다. 신랑 예수 그리스도의 왕권은 변치 않는 순금과 같이 영원한 권세이다.

2) 신랑의 머리털은 검고 (11절)

곱슬거리는 머리채는 까마귀같이 검다.

머리털은 영광, 권위와 헌신을 상징한다. 민수기 6장에서 나실인 3대 금지 규정 중 하나가 머리에 삭도를 대지 않은 것이다. 성경에서 머리털은 영광과 권위이다. 그래서 나실인은 평생 머리에 삭도를 대지 않는다. 이것은 나실인이 누구의 권위와 영광 아래 있는 자인지를 상징하는 것이다. 예수 그리스도는 하나님 아버지께 온전한 헌신을 드린 분이시다.

또한, 머리털이 검다는 것은 신랑의 영광과 권세가 노인들의 힘없는 백발이 아닌 젊고 건강한 젊은이처럼 역동적임을 의미한다. 신부를 지키는 신랑의 헌신은 강력하다. 신부를 지킬 젊은이 같은 열정을 말한다.

3) 신랑의 눈은 비둘기 같고 (12절)

그의 두 눈은 흐르는 물가에 앉은 비둘기. 젖으로 씻은 듯, 넘실거리는 못 가에 앉은 모습이다.

신부는 신랑의 눈이 비둘기 같다고 선언한다. 비둘기 같은 눈은 신랑이 신부를 칭찬할 때 쓴 단어이다. 이미 여러 번 말한 것처럼 비둘기의 눈은 오직 한 번에 하나의 대상만 보는 '싱글 포커스'다.

신랑 예수님은 오직 신부 하나만 보는 분이시다. 신부가 신랑만 바라보듯, 신부도 신랑 한 분만 본다. 신랑과 신부는 서로만 보는 자들이다.

또한, 예수님의 눈은 모든 것을 보시는 지혜와 지식, 분별력을 가지신 예수님의 능력을 상징한다. 주님은 신부의 모든 것을 다 꿰뚫어 보시는 분이시다. 그분의 전지하신 눈에서 숨길 수 있는 것은 아무것도 없다.

히브리서 4 : 12

하나님의 말씀은 살아 있고 힘이 있어서, 어떤 양날 칼보다도 더 날카롭습니다. 그래서 사람 속을 꿰뚫어 혼과 영을 갈라내고, 관절과 골수를 갈라놓기까지 하며, 마음에 품은 생각과 의도를 밝혀냅니다.

4) 신랑의 뺨은 향기 나는 풀언덕 같고(13절)

그의 두 볼은 향기 가득한 꽃밭, 향내음 풍기는 풀언덕이요,

뺨은 감정의 자리이다. 신랑의 뺨에는 풀 언덕 같은 신부를 향한 넘치는 열정이 있다. 신랑 예수님은 완전한 인격을 가지신 하나님이시다. 사람의 감정을 만드신 하나님이시지 않은가!

5) 신랑의 입술은 몰약이 떨어지는 백합화 같고(13절)

그의 입술은 몰약의 즙이 뚝뚝 듣는 나리꽃이다.

신랑의 입술은 몰약이 뚝뚝 떨어지는 백합화 같다. 몰약은 예수님의 십자가 죽음을 의미한다. 신랑 예수님은 자신의 신부를 얻기 위해 십자가에서 대속의 죽음을 경험하셨다. 또한, 그분의 입술의 말씀은 백합처럼 순결하다.

6) 신랑의 손(팔)은 보석이 박힌 방망이(반지, 노리개)같고 (14절)

그의 손은 가지런하고, 보석 박은 반지를 끼었다. 그의 허리는 청옥 입힌 상아처럼 미끈하다.

신랑의 손은 마치 보석이 박힌 방망이 같다. 신랑의 손은 일하시는 손이다. 그는 방망이와 같은 전능하신 손으로 모든 일을 이루시는 분이시다. 그분의 손에 부서지지 않는 진들은 없다. 아무리 견고한 사단의 견고한 진이라도 그분의 능력의 손 앞에는 다 산산이 무너진다.

7) 신랑의 허리(배)은 상아 같이 미끈하고 (14절)

그의 허리는 청옥 입힌 상아처럼 미끈하다.

허리(배)는 몸의 중심이다. 허리(배)는 상아, 코끼리 상아처럼 미끈하다. 신랑의 허리가 미끈하다는 것은 신랑의 진리가 매력적임을 의미한다. 사도 바울은 그리스도인들이 진리의 허리띠로 무장할 것을 말씀한다.

엡 6:13-14
그러므로 하나님의 전신 갑주를 취하라 이는 악한 날에 너희가 능히 대적하고 모든 일을 행한 후에 서기 위함이라 그런즉 서서 진리로 너희 허리띠를 띠고 의의 호심경을 붙이고

8) 신랑의 다리는 대리석 기둥 같고 (15절)

그의 두 다리는 순금 받침대 위에 선 대리석 기둥이다.

다리는 몸을 지탱하는 지체이다. 신랑 예수님의 다리가 대리석 기둥 같다는 것은 신부를 지탱하는 힘이 견고함을 말한다. 그리스도의 신부들이 힘들 때 신부들을 안고, 업고 다니시려면 대리석 같은 강력한 힘이 있어야 한다.

또한, 다리는 하나님 나라를 향한 진군의 다리이다. 하나님의 목적을 이루기 위해 진군하시는 예수님의 걸음을 의미한다. 어떤 공격과 방해에도 꺾이지 않는 예수님의 강인함을 상징한다.

9) 신랑의 얼굴(모습, 생김새)은 백향목 같고 (15절)

그는 레바논처럼 늠름하고, 백향목처럼 훤칠하다.

신부는 신랑의 얼굴은 백향목과 같다고 선언한다. 백향목은 최고급 나무로 잘 썩지 않고, 벌레가 잘 먹지 않는 나무이다. 솔로몬 성전의 주재료가 백향목 나무이다. 신랑 예수님은 신부들의 집을 세우시기에 변함이 없는 견고한 백향목과 같은 분이시다.

10) 신랑의 입은 달콤하다. (16절)

그의 입 속은 달콤하고

신부는 신랑의 입이 달콤하다고 고백한다. 입은 친밀함의 상징이다. 신랑 예수님의 사랑의 입맞춤은 달콤하다. 그분의 입에서 나오는 말씀은 신부에게 달콤한 사랑이다. 심지어 책망까지도 사랑이다. 그리스도의 신부들은 예배 가운데, 은밀한 기도의 시간에, 말씀을 묵상하는 자리에서 예수님의 입맞춤을 경험해야 한다.

*** 전체적인 선포 (16절)**

그에게 있는 것은 모두 사랑스럽다. 예루살렘의 아가씨들아, 이 사람이 바로 나의 임, 나의 친구

신부는 자신이 이해할 수 없는 환경 속에서도 신랑의 10가지 아름다움

을 고백했다. 그리고 신랑의 모든 것이 다 사랑스럽다고 선언한다. 신랑의 어떤 한 부분이 아니라 신랑의 전체가 사랑스럽다고 고백한다.

그렇다. 그리스도의 모든 성품은 다 사랑스럽다. 그분의 은혜, 자비, 용서, 사랑, 온유, 겸손, 공의, 거룩, 순결 모든 성품이 다 아름답다.

그리스도의 신부들은 신랑 예수님의 어떤 한 부분을 사랑하는 자가 아니라 그분의 모든 성품을 사랑하는 자이다. 그분이 때로는 침묵하셔도, 원치 않는 고난을 주셔도, 때로는 주변의 비난과 조롱이 있어도 이 모든 것을 주신 신랑 예수님을 온전히 사랑하는 자들이 그리스도의 신부들이다.

또한, 그리스도의 신부들은 신랑 예수님과 벗(친구)이 되어 동행하는 자들이다. 신부는 신랑을 친구, 벗이라 고백한다. 이제 신부는 신랑과 벗이 되어 신랑과 동행하면서 신랑이 하고자 하는 모든 일에 동참하게 된다.

4. 예루살렘 딸들의 두 번째 질문 (6장 1절)

(친구들) 여인들 가운데서도 빼어나게 아리따운 여인아, 너의 임이 간 곳이 어디냐? 너의 임이 간 곳이 어딘지 우리가 함께 임을 찾아 나서자.

신랑의 10가지 아름다움에 대한 신부의 선언을 듣고 친구들은(예루살렘의 딸들) 술람미 여인에게 두 번째 질문을 한다. 친구들의 첫 번째 질문은 “왜 너는 신랑을 사랑하는가? 너의 신랑이 다른 남자보다 나은 점이 무엇인가?"였다.(5장) 이제 그들은 다른 질문을 한다. 그것은 "신랑이 어디로 갔나? 어디서 우리가 그분을 만날 수 있는가?"이다.

신부의 친구들은 신부에게 들은 신랑의 아름다움에 매료되었다. 그래서 그들도 신부와 함께 신랑을 찾아 나서자고 말한다. 그들도 이제 간절히 신랑을 만나, 그를 알고 싶어한다.

그렇다. 신랑 예수님을 향한 그리스도의 신부들의 사랑과 고백이 다른 자들의 마음을 열고, 그들을 흥분시켜 예수님을 추구하게 만든다. 이렇듯 단 한 명의 신부의 사랑이 수많은 자를 예수께로 나아오도록 한다. 이것이 그리스도의 삶이다. 이것이 전도이다. 전도는 어려운 것이 아니다. 나의 신랑 예수가 얼마나 좋은 분인지, 얼마나 아름다운 분인지 전하는 것이다.

5. 신부의 두 번째 대답

(여자) 나의 임은, 자기의 동산, 향기 가득한 꽃밭으로 내려가서, 그 동산에서 양 떼를 치면서 나리꽃을 꺾고 있겠지.

1) 동산에서 양 떼를 먹이시고 계신 신랑 (2절)

친구들의 질문에 대한 답변으로 신부는 신랑이 그의 동산에서 양 떼를 치면서 나리꽃을 꺾고 계신다고 말한다.

신랑 예수님은 자기 동산의 양 떼, 곧 하나님 나라의 백성들, 당신의 양 떼를 먹이시는 분이다. 신부를 잠시 떠난 것처럼 보이지만 사실은 당신의 신부인 교회 안에서 먹이고 일하시고 계셨던 것이다.

또한, 신랑은 자기 동산에서 백합화를 꺾고 있다. 백합화는 순결한 신부를 상징한다. '꺾다'는 히브리어로 '라카트'이다. 이 단어는 '추수하다, 모으다'라는 뜻이다.

신랑 예수님은 마지막 추수 때를 위해 거룩한 신부들을 모으고 추수하시는 분이시다. 이사야도 하나님께로 회개하고 돌아오는 백성 중 '알곡을 모으다'라고 할 때 '라카트'를 사용했다.

사 27:12

너희 이스라엘 자손들아 그 날에 여호와께서 창일하는 하수에서부터 애굽 시내에까지 과실을 떠는 것 같이 너희를 하나하나 모으시리라.

2) 신부의 삶이 전환되었음을 선언 (3절)

나는 임의 것, 임은 나의 것, 임은 나리꽃 밭에서 양을 치네.

신부는 자신이 신랑의 소유이고, 신랑은 자신의 소유임을 고백한다. 이 고백의 순서를 잘 보라. 신부가 신앙의 여정 초기에 고백한 것과 비슷하지만 분명 다르다.

아2장 16절

내 사랑하는 자는 내게 속하였고 나는 그에게 속하였도다. 그가 백합화 가운데에서 양 떼를 먹이는구나.

신앙의 성숙은 나 중심에서 주님 중심으로 삶의 보좌를 주님께 내어드리는 것이다.

제14강

시험을 통과한 신부의 사랑에 사로잡히신 신랑의 고백 (6:4~10)

나의 사랑 그대는 디르사처럼 어여쁘고, 예루살렘처럼 곱고, 깃발을 앞세운 군대처럼 장엄하구나. 그대의 눈이 나를 사로잡으니, 그대의 눈을 나에게서 돌려 다오. 그대의 머리채는 길르앗 비탈을 내려오는 염소 떼 같구나. 그대의 이는 털 깎으려고 목욕하고 나오는 암양 떼 같이 희구나. 저마다 짝이 맞아서 빠진 것이 하나도 없구나. 너울 속 그대의 볼은 반으로 쪼개어 놓은 석류 같구나. 왕비가 예순 명이요, 후궁이 여든 명이요, 궁녀도 수없이 많다마는, 나의 비둘기, 온전한 나의 사랑은 오직 하나뿐, 어머니의 외동딸, 그를 낳은 어머니가 귀엽게 기른 딸, 아가씨들이 그를 보고 복되다 하고, 왕비들과 후궁들도 그를 칭찬하는구나. "이 여인이 누구인가? 새벽처럼 밝고, 보름달처럼 휜하고, 해처럼 눈부시고, 깃발을 앞세운 군대처럼 장엄하구나."

1. 신부를 향한 신랑의 칭찬 (6:4)

고난 가운데 신랑을 향한 사랑의 고백으로 승리한 신부에게 신랑은 기다렸다는 듯 다시 나타나 신부를 칭찬하신다. 5장 6절에서 떠나가신 신랑이 오랜 침묵을 깨고 다시 찾아오신 것이다. 신랑은 테스트를 통과한 신부의 아름다움을 세 가지로 칭찬하신다. 과연 신랑은 신부를 정말로 떠났던 것일까? 필자는 아니라고 생각한다. 신부를 훈련시키기 위해서 잠기 떠난 것처럼 보였지만, 신부의 곁에서 신부가 이 테스트를 잘 통과하기를 응원하며 지켜보셨을 것이다.

신랑은 시험을 통과한 신부에게 사랑을 고백한다. 자신(신부)을 고난으로 밀어 넣은 장본인(신랑)을 믿음과 사랑으로 높여 드린 신부를 보시고 신랑은 마음이 사로잡힐 수밖에 없다.

1) 디르사같이, 예루살렘같이 고운 신부 어여쁜 신부

나의 사랑 그대는 디르사처럼 어여쁘고, 예루살렘처럼 곱고, 깃발을 앞세운 군대처럼 장엄하구나.

신랑은 신부를 디르사처럼 아름답고, 예루살렘처럼 곱다고 칭찬한다. 디르사는 "아름답다"는 뜻으로 이방 나라의 상징적 도시이다. 북쪽 지방에서 가장 화려하고 아름다운 도시로, 북이스라엘의 왕 여로보암이 디르사를 수도로 정했다.(왕상14:17)

예루살렘은 남 유다의 수도이다. 이곳은 하나님의 영광과 임재가 머무는 성전이 있다. 디르사는 아름다운 신부를 강조하는 비유이고 예루살렘은 예배하는 신부를 강조하는 비유이다. 신부는 경외와 예배의 여인이다. 고난의 한복판에서 예배한다. 신랑은 고난 가운데서도 신랑을 향한 사랑으로 타올랐던 신부가 가장 아름답고 화려한 디르사와 같다고 칭찬하신다.

2) 깃발을 앞세운 장엄한 군대 같은 신부

승전한 군대는 깃발을 앞세워 행진한다. 그리스도의 신부들은 그리스도의 군사이다. 신부이자 동시에 군사이다. 다시 말해 군화 신은 신부이다. 그리스도의 신부들은 신랑 예수님에게는 가장 아름다운 신부이지만, 세상과 사탄에게는 강력한 영적 군대이다. 자신과의 어려운 싸움에서 이기고, 세상의 핍박을 이긴 신부들은 강한 군대이다.

2. 신부의 사랑에 사로잡힌 신랑의 고백 (5절)

네 눈이 나를 놀라게 하니 돌이켜 나를 보지 말라. 네 머리털은 길르앗 산기슭에 누운 염소 떼 같고 네 이는 목욕하고 나오는 암양 떼 같으니 쌍태를 가졌으며 새끼 없는 것은 하나도 없구나. 너울 속의 네 뺨은 석류 한 쪽 같구나.

신랑은 신부의 사랑의 눈빛에 사로잡힌다. 신부의 눈을 자신에게서 돌려달라고 요청할 만큼 신부의 사랑의 눈빛이 강력하다.

이것은 과장법으로 시험과 고난의 용광로 속에서도 오히려 더 큰 사랑을 드린 신부에게 감동되시고 사로잡히신 신랑의 시적인 표현이다.

그리스도 예수는 오늘날도 당신의 마음을 빼앗을 만한 사랑을 가지고 나오는 신부들을 찾고 있다. 나는 어떠한가? 신랑 예수를 향한 나의 사랑의 눈빛이 너무 강렬해서 예수님이 눈을 돌려달라고 말씀할 만큼 예수님을 사랑하고 있는가? 나의 눈에는 신랑 예수님을 향한 사랑으로 가득한가?

4장 9절에도 신부의 눈짓 한 번에 사로잡히셨지만(그때는 본격적인 테스트가 시작되기 전이었다) 지금은 더 강력하게 신부의 사랑에 사로잡히셨다. 5장의 두 가지 테스트 기간 동안에 그녀(신부)는 이유도 모르는 신랑의 떠남이라는 고통 속에서도 신랑에게 드린 그녀의 사랑 때문에 신랑은 너무나 행복하셨기 때문이다.

그리스도의 신부들은 신랑 예수님의 심장을 떨리게 할 만큼 신랑을 사모해야 한다. 신부들은 "많은 물과 홍수로도 끌 수 없는 사랑의 불로 타오르는" 기도를 드리는 자들이다.

3. 신부의 영적 성숙을 칭찬하심

그대의 눈이 나를 사로잡으니, 그대의 눈을 나에게서 돌려 다오. 그대의 머리채는 길르앗 비탈을 내려오는 염소 떼 같구나. 그대의 이는 털 깎으려고 목욕하고 나오는 암양 떼 같이 희구나. 저마다 짝이 맞아서 빠진 것이 하나도 없구나.

아가서 4:1~5에서 신랑 예수님은 신부를 향해 8가지 예언적 선포를 하셨다. 아 6:5~7에서는 4장의 예언적 선포가 신부가 겪은 고난과 승리를 통해 실제 이루어졌음을 칭찬하신다.

신랑은 신부의 머리털이 염소 떼와 같다고 한다. 머리털은 아가서 안에서 헌신을 상징한다. 신부의 헌신을 칭찬하신다. 또한, 신부의 이가 암 양 떼 같다고 한다. 이는 음식을 씹고 소화시키는 것을 의미한다. 신랑은 신부의 말씀을 소화하는 능력을 칭찬하신다. 또한, 신랑은 신부의 뺨이 석류 한쪽 같다고 말씀한다. 뺨은 아가서에서 감정의 자리이다. 신부의 뺨에 붉은 석류와 같이 신랑을 향한 사랑의 감정이 충만히 묻어난다. 4장1–5절에서의 8가지 선포가 6장5–7절에서 부분적으로 성취되고 있다.

4. 천국의 모든 존재보다 더 존귀한 신부 (8절~9절)

왕비가 예순 명이요, 후궁이 여든 명이요, 궁녀도 수없이 많다마는, 나의 비둘기, 온전한 나의 사랑은 오직 하나뿐, 어머니의 외동딸, 그를 낳은 어머니가 귀엽게 기른 딸, 아가씨들이 그를 보고 복되다 하고, 왕비들과 후궁들도 그를 칭찬하는구나.

1) 온전한 나의 사랑은 오직 하나뿐

솔로몬 왕은 이미 왕비 60명과 후궁 80명을 가지고 있다. 이후 그는 천 명의 아내들을 두게 된다. 140명이라는 숫자로 미루어 보아 아가서가 솔로몬 통치 초기임을 알 수 있다.

솔로몬은 수많은 여자가 주변에 있어도 자신의 마음을 빼앗는 여인은 오직 술람미 여인 하나뿐임을 고백한다. '온전한 나의 사랑은 오직 하나뿐'

이라고 자신의 마음을 고백한다. 이런 칭찬은 그냥 주어지는 것이 아니다. 신부인 술람미가 이해할 수 없는 고난 속에서도 신랑을 향한 사랑과 믿음이 식지 않고 오히려 더 강력하게 타올랐기 때문이다. 이를 보고 신랑이 신부의 순결한 사랑에 마음이 빼앗기신 것이다.

그렇다. 오늘 수많은 교회와 성도들이 있지만, 신랑 예수님의 마음을 빼앗는 사람이 얼마나 있을까? 신랑 예수님은 자신의 마음을 빼앗을 신부들을 찾고 계신다. 나는 어떠한가?

2) 마지막 때에 세우시는 교회는 신부의 영성을 가진 교회 (9절)

주님의 재림이 가까이 다가올수록 주님이 마지막 때에 세우고자 하시는 교회는 신부의 영성을 가진 교회이다. 그리스도의 신부된 교회는 오직 신랑 예수만을 추구하는 교회이다. 신랑 예수님만으로 충분하다고 고백하며 사는 자들이다. 이런 교회들은 세상 가치의 유혹, 육신의 정욕, 안목의 정욕, 이생의 자랑과 싸우며 순결한 사랑을 지키고자 몸부림치는 교회이다. 마지막 때는 이런 교회를 일으키고 사용하실 것이다.

6. 신부의 사역에 나타나는 4가지 특성 (10절)

이 여인이 누구인가? 새벽처럼 밝고, 보름달처럼 환하고, 해처럼 눈부시고, 깃발을 앞세운 군대처럼 장엄하구나.

1) 아침(새벽) 빛, 달과 해 같은 신부

신랑은 신부를 새벽처럼 밝고, 해와 달처럼 눈부신 존재라고 칭찬하신다. 이는 그리스도의 신부된 교회가 새벽빛, 해와 달처럼 이 땅의 영적 어둠을 물리치는 존재임을 의미한다.

그리스도의 신부들은 이 세상의 소금과 빛으로 부르심 받은 존재들이다. 한밤의 영적 어두움을 밝히는 것이 교회의 사명이다.

2) 장엄한 군대 같은 신부

신랑은 신부를 깃발을 앞세운 장엄한 군대 같다고 한다. 그렇다. 그리스도의 신부된 교회는 영적 전쟁에서 승리한 군대, 영적 어둠을 정복하여 다스리고, 압도하는 전사들이다.

6장 4절에서 신랑은 신부를 땅의 도시 디르사에 비유하여 군대 같다고 했고(a), 6절10절에서는 신부를 하늘의 피조물인 해와 달에 비유하여 군대 같다고 한다(a'). 일종의 '인클루지오(수미 쌍괄식) 구조이다.

그리스도의 신부된 교회의 권세는 땅과 하늘을 다스리는 군대와 같은 권세다. 왜냐하면, 신랑인 예수 그리스도께서 하늘과 땅의 모든 권세를 가진 분이시기 때문이다.

제15강

신부의 사랑과 헌신을 향한 2가지 반응 (6:11~7:9)

골짜기에서 돋는 움들을 보려고, 포도나무 꽃이 피었는지 석류나무 꽃송이들이 망울졌는지 살펴보려고, 나는 호도나무 숲으로 내려갔다네.

나도 모르는 사이에, 나는 어느덧 나의 마음이 시키는 대로 ㉠왕자들이 타는 병거에 올라앉아 있네. (친구들) / ㉠또는 '암미나답의 병거에' 또는 '백성의 병거에'

술람미의 아가씨야, 돌아오너라, 돌아오너라. 눈부신 너의 모습을 우리가 좀 볼 수 있게, 돌아오너라, 돌아오너라. 술람미의 아가씨야. (남자)

그대들은 어찌하여 마하나임 춤마당에서 춤추는 술람미의 아가씨를 보려 하는가?

(친구들) 귀한 집 딸아, 신을 신은 너의 발이 어쩌면 그리도 예쁘냐? 너의 다리는 숙련공이 공들여 만든 패물 같구나.

너의 배꼽은, 섞은 술이 고여 있는 둥근 잔 같구나. 너의 허리는 나리꽃을 두른 밀단 같구나.

너의 가슴은 한 쌍 사슴 같고 쌍둥이 노루 같구나.

너의 목은 상아로 만든 탑 같고, 너의 눈은 바드랍빔 성문 옆에 있는 헤스본 연못 같고, 너의 코는 다마스쿠스 쪽을 살피는 레바논의 망대 같구나.

너의 머리는 영락없는 갈멜 산, 늘어뜨린 너의 머리채는 한 폭 붉은 공단, 삼단 같은 너의 머리채에 임금님도 반한다. (남자)

1. 5장~6장의 복습

1) 신부는 5장에서 2가지 혹독한 시험을 통과했다.

신부는 5장에서 이유도 모른 채 2가지 힘든 고난을 통과했다. 이것은 시험, 테스트였다. 첫 시험은 신랑의 떠나감이고, 두 번째 시험은 주변 사람들, 믿었던 자들의 핍박과 옷 벗겨짐이었다. 이는 신부의 사역뿐만 아니라 권위, 명예 등이 다 거두어지는 시험이다.

신랑은 6장에서 두 가지 테스트를 통과하고 승리한 신부에게 놀라운 칭찬을 하시며 신부에게 마음을 빼앗기신다.

이제는 시험을 통과한 신부에게 새로운 시즌, 새로운 인생이 펼쳐진다.

2. 다른 미성숙한 성도들을 향한 신부의 첫 번째 헌신 (6:11)

골짜기에서 돋는 움들을 보려고, 포도나무 꽃이 피었는지 석류나무 꽃송이들이 망울졌는지 살펴보려고, 나는 호도나무 숲으로 내려갔다네.

1) 신부가 호도나무 숲으로 간 이유

아가서가 해석하기가 쉽지 않은 이유 중 하나는 화자를 명확히 알 수 없는 문장이 있어서이다. 원문을 보아도 마찬가지일 때가 있다.

골짜기로 내려가는 자, 포도나무 꽃이 피었는지, 석류나무 꽃송이들이 망울졌는지 살피려고 호도나무 동산으로 향하는 자가 누구인가? 표준새번역은 솔로몬으로 해석했다. 그러나 필자 개인적으로는 문맥상 술람미로 보는 것이 좋다고 생각한다.(표준새번역은 6:4-12절까지 솔로몬을 화자로 번역하고 있다) 그러나 신랑과 신부가 이미 하나가 되었기에 화자의 구분이 큰 의미는 없다는 것이 필자의 결론이다.

신부는 골짜기로 내려가 다른 사람들의 동산을 살피러 간다. 신부는 처음으로 다른 사람들의 삶에 관심을 기울인다. 그동안 자신에게만 관심이 있었던 신부가 비로써 "나" 아닌 "다른 자"에게 삶을 드리기 시작한다.

2) 호도동산

아가서에서 포도원, 동산의 이미지는 신부들의 마음, 신부들 공동체(교회)를 상징한다. 그래서 호도나무 동산은 교회의 사명이 무엇인지를 나타낸다. 호도에서 나오는 기름은 비누를 만드는데 사용된다. 이는 호도나무 동산과 같은 교회는 비누와 같이 사람들의 죄를 씻는 곳임을 상징한다. 또한, 호도 잎사귀는 치료제로 쓰인다. 이는 교회는 치유하는 곳임을 상징한다.

그렇다. 그리스도의 신부된 교회는 사람들의 죄악을 씻는 곳이며 사람들의 상처와 약함을 치유하는 곳이어야 한다.

그런데 신부는 왜 호도나무 동산으로 내려간 것일까? 그것은 신랑이 거기에 있기 때문이다.

6:2
나의 임은, 자기의 동산, 향기 가득한 꽃밭으로 내려가서, 그 동산에서 양 떼를 치면서 나리꽃을 꺾고 있겠지

호도 동산에는 신랑이 있다. 신랑 예수님은 항상 자신의 동산에서 양 떼를 치고 계신다. 그러기에 신부는 신랑이 계시는 호도나무 동산에 가서 신랑과 함께 다른 연약한 자의 동산을 돌보고자 한다.

신부는 아가서의 초반부에서는 오직 자기 자신에게만 관심이 있었다. 그러나 그녀가 안전지대를 떠나, 고난과 시험을 잘 이기고 점점 성숙해 간다. 이제는 더 이상 자신만을 위한 삶을 살지 않는다. 신부는 신랑과 하나가 되어 신랑이 일하고 계신 더 연약한 동산을 돌보러 나선다.

그리스도의 신부들은 성장하고 성숙해져 가야 한다. 성숙한 신부들은 자신보다 더 어린 신부들을 돕고 섬겨야 한다. 사도 바울은 그리스도 안에서 자라지 않는 어린아이와 같은 고린도교회 성도들에게 성장하고 성숙해질 것을 촉구한다.

고전 3:1-3
형제들아 내가 신령한 자들을 대함과 같이 너희에게 말할 수 없어서 육신에 속한 자 곧 그리스도 안에서 어린 아이들을 대함과 같이 하노라 내가 너희를 젖으로 먹이고 밥으로 아니하였노니 이는 너희가 감당하지 못하였음이거니와 지금도 못하리라 너희는 아직도 육신에 속한 자로다 너희 가운데 시기와 분쟁이 있으니 어찌 육신에 속하여 사람을 따라 행함이 아니리요.

교회 안의 성숙한 신부는 스스로 알아서 어린 자들의 필요를 채워준다. 신부는 기꺼이 신랑과 동역한다.

3) 왕의 병거에 올라앉은 신부

나도 모르는 사이에, 나는 어느덧 나의 마음이 시키는 대로 ㉠왕자들이 타는 병거에 올라앉아 있네. (친구들) / ㉠또는 '암미나답의 병거에' 또는 '백성의 병거에'

신부는 호도 동산에서 어린 신부들, 다른 어린 자들을 섬기고 난 후 솔로몬 왕이 보낸 수레(병거)에 올라앉아 있다. 병거(메르케보트)는 왕이나 고관들이 행차할 때 수행하는 많은 병거를 말한다. 암미나답의 병거라고 번역하기도 하는데, 암미나답은 솔로몬 왕 때 수레를 끌었던 자라고 알려져 있다. 이는 어린 신부들, 미성숙한 자들을 섬기고 헌신한 신부들을 재림의 날에 데리러 오시는 신랑 예수님을 의미한다.

2. 신부의 헌신에 대한 반응(13절)

술람미의 아가씨야, 돌아오너라, 돌아오너라. 눈부신 너의 모습을 우리가 좀 볼 수 있게, 돌아오너라, 돌아오너라. 술람미의 아가씨야.

1) 예루살렘 딸들의 반응 : 존경과 칭찬

신부의 성숙한 사랑과 헌신을 보면서 예루살렘 딸들은 신부에게 "돌아오라"라고 네 번씩이나 외치면서 신부의 성숙한 사랑을 배우고자 한다. 예루살렘 딸들은 신부의 성숙한 사랑을 보고 자신들도 그런 사랑을 배우고 싶어한다.

그렇다. 교회는 술람미와 같은 성숙한 멘토들이 많아야 한다. 교회 안에는 어린 신자들이 존경하고 그들의 삶을 배우고 싶은 멘토들이 반드시 필요하다.

2) 마하나임의 춤마당에서 춤추는 신부

그대들은 어찌하여 마하나임 춤마당에서 춤추는 술람미의 아가씨를 보려 하는가?

신랑은 신부를 찾는 친구들에게 신부가 마하나임 춤마당에서 춤추고 있다고 말씀한다. 마하나임은 '두 진영, 두 군대'라는 뜻으로, 야곱이 에서의 군대를 피하기 위해 자신의 가족과 가축을 두 떼로 나누게 되는데, 이 때에 하나님께서 야곱을 보호하시고자 하나님의 두 군대를 보내셨다. 이 군대가 마하나임이다.

또한, 다윗이 압살롬의 반란을 피해 머물렀던 장소도 마하나임이다. 즉, 마하나임은 하나님의 보호를 상징한다. 신부는 바로 마하나임, 즉 두 진영, 두 군대 사이에서 춤을 추고 있다.

그렇다. 그리스도의 신부된 교회는 마하나임 마당에서 춤추는 곳이다. 두 진영 사이에서 신부된 교회가 있다. 그렇다면 두 진영은 무엇을 의미하는가?

하나는 거룩한 신부들의 진영, 군대이다. 이 진영은 신랑 예수님을 전 존재로 사랑하고 삶 전체를 헌신하는 자들이다. 또한, 다른 진영은 종교적 지도자들이다. 이들은 마음에 신랑 예수님에 대한 사랑도 없으면서 종교적 지위와 권세를 차지하고 있는 자들이다. 이들은 거룩하고 순결한 신부들을 비난하고 핍박하고 대적하는 자들이다. 이들은 신랑 예수님을 향한 참된 신부들의 사랑과 헌신을 시기하고 질투하여 공격한다.

사도 바울은 갈라디아서에서 두 진영의 싸움을 성령으로 난 자와 육신으로 난 자와의 싸움을 묘사한다.

갈4:27-29

기록된바 잉태하지 못한 자여 즐거워하라 산고를 모르는 자여 소리 질러 외치라. 이는 홀로 사는 자의 자녀가 남편 있는 자의 자녀보다 많음이라 하였으니 형제들아 너희는 이삭과 같이 약속의 자녀라 그러나 그 때에 육체를 따라 난 자가 성령을 따라 난 자를 박해한 것 같이 이제도 그러하도다

3) 아가서에 나타난 선포비교

① 구조

a. 4 : 1~5 – 신부에 대한 8가지 예언적 선포

b. 5 : 10~16 – 신랑에 대한 신부의 10가지 고백

a' 7 : 1~5 – 신부에 대한 예루살렘 딸들의 10가지 칭찬

② 신부에 대한 선포 비교: 4:1~5 과 7:1~5의 비교

4:1~5 신부에 대한 8가지 예언적 선포	7:1~5 신부에 대한 예루살렘 딸들의 10가지 창친
1. 8가지 미덕 2. 머리로부터 시작 3. 신부의 성품에 초점	1. 10가지 미덕 2. 발부터 시작 3. 신부의 사역에 초점

3. 신부의 아름다움에 대한 예루살렘 딸들의 10가지 고백 (7:1~5)

예루살렘 딸들은 신부인 술람미의 아름다움을 열 가지로 칭찬한다.

1) 신을 신은 신부의 발 : 복음의 신 (1절)

(친구들) 귀한 집 딸아, 신을 신은 너의 발이 어쩌면 그리도 예쁘냐?

신을 신은 신부의 발은 아름답다. 그리스도의 신부들은 복음의 신을 신

고 온 천하에 다니며 만민에게 복음을 전하는 사명을 가지고 있다.

① 엡 6:15 "발에는 평화의 복음을 전할 차비를 하십시오."

② 사 52:7 "놀랍고도 반가워라! 희소식을 전하려고 산을 넘어 달려오는 저 발이여! 평화가 왔다고 외치며, 복된 희소식을 전하는구나. 구원이 이르렀다고 선포하면서, 시온을 보고 이르기를 "너의 하나님께서 통치하신다" 하는구나."

그리스도의 신부된 교회는 복음의 신을 신기 전에 주님을 만나기 전에 신었던 옛 자아의 신을 우선 벗어야 한다. 모세도 여호와의 불 앞에서 자신의 신을 벗었다. 종이 주인 앞에서 신을 벗는 것은 자신의 권리를 포기함을 의미한다. 이와 같이 그리스도의 신부들이 복음의 신을 신기전에 반드시 옛 신을 벗어야 한다.

2) 신부의 다리는 보석 같다. : 두 다리의 강한 힘 (1절)

너의 다리는 숙련공이 공들여 만든 패물 같구나.

신부의 다리는 보석같이 빛나고 견고하다. 다리는 온몸을 지탱하는 기둥이다. 아가서 초반부에서 신부는 많이도 흔들리기도 했지만, 이제는 많은 고난과 시험을 통과하고 난 후 보석같이 빛나고 견고한 다리가 되었다.

신랑의 다리는 대리석과 같고(5장), 신부의 다리는 보석과 같다(7장). 그동안 신부가 북풍과 남풍, 많은 고난을 거치면서 웬만한 시련에 흔들리지 않는 다리를 가지게 된 것이다.

3) 신부의 배꼽은 가득 부은 포도주잔 같다 (2절)

너의 배꼽은, 섞은 술이 고여 있는 둥근 잔 같구나.

배꼽은 몸의 중심이다. 신부의 중심에 은혜의 포도주가 가득 담겨 있다. 그리스도의 신부들은 삶의 중심이 은혜로 가득해야 한다.

4) 신부의 허리에 둘린 밀단 : 추수의 비전, 추수의 일꾼 (2절)

너의 허리는 나리꽃을 두른 밀단 같구나.

백합화는 순결함을 의미하고, 허리에 두른 밀단은 추수의 사역을 의미한다. 그리스도의 신부된 교회는 순결한 복음과 순결한 삶으로 마지막 때에 영혼들을 추수하는 사명을 감당해야 한다.

5) 신부의 가슴은 두 마리의 새끼 사슴 같다. : 어린 성도들을 먹일 수 있는 말씀사역(3절)

너의 가슴은 한 쌍 사슴 같고 쌍둥이 노루 같구나.

신부의 가슴은 한 쌍의 사슴과 쌍둥이 노루와 같다. 이는 그리스도의 신부들은 어린 신부들을 양육할 수 있는 말씀을 비축한 양육자라는 뜻이다.

6) 신부의 목은 상아 망대 (4절)

너의 목은 상아로 만든 탑 같고,

목은 의지를 상징한다. 신부의 의지는 상아탑처럼 견고하게 신랑만을 향해있다. 신부의 굳건한 의지는 신부 자신을 스스로 보호하는 망대이기도 하다.

7) 신부의 눈은 연못 같고 (4절)

너의 눈은 바드랍빔 성문 옆에 있는 헤스본 연못 같고,

그동안 신부의 눈은 비둘기 같다고 묘사되었었다. 비둘기는 신부의 헌신과 충성을 의미한다. 한편 신부의 눈은 바드랍빔 성문 옆에 있는 헤스본 연못 같다. 바드랍빔 성이 있는 헤스본은 깨끗한 물로 유명한 휴양지(민 21:25~26)이다. 이는 신부의 눈이 헤스본의 연못처럼 깨끗하고 투명하다는

것이다. 주님은 마음이 청결한 자는 하나님을 볼 것이라고 말씀하셨다.

마5:8
마음이 청결한 자는 복이 있나니 그들이 하나님을 볼 것임이요.

8) 신부의 코는 망대 같고(4절)

너의 코는 다마스쿠스 쪽을 살피는 레바논의 망대 같구나.

코는 감지하는 기능이다. 이는 그리스도의 신부들이 아주 예민한 영적 분별력을 가진 자들임을 말한다. 이스라엘을 호시탐탐 노리는 시리아를 감시하는 망대와 같이, 그리스도의 신부된 교회는 이 시대의 악한 세력을 분별하고 사람들에게 경고하는 사명이 있다.

9) 신부의 머리는 갈멜산 같고 (5절)

너의 머리는 영락없는 갈멜산,

신부의 머리는 갈멜산과 같다. 갈멜산은 가나안 땅의 북서쪽에 있는 산이다. 갈멜산은 엘리야가 바알과 아세라 선지자 850명과 싸운 곳이기도하다. 여호와 신앙과 바알 신앙이 부딪친 곳이다. 신부의 머리가 갈멜산 같다는 것은 신부의 생각과 머리가 진리를 지켜내는 영적 고지임을 의미한다.

머리와 생각은 그리스도의 신부들의 영적 전쟁터이다. 신부들은 무릇 마음을 먼저 지켜야 한다. 머리와 생각과 마음 안에 오직 진리로만 채워야 한다.

10) 신부의 머리털(5절)

늘어뜨린 너의 머리채는 한 폭 붉은 공단(자주 빛), 삼단 같은 너의 머리채에 임금님도 반한다(매인다).

성경에서 머리털은 영광과 헌신을 상징한다. 신부의 헌신에 왕이신 신랑 예수님의 마음이 빼앗기신다. 자주 빛은 왕족들이 입는 옷의 색깔이다. 신부의 머리털이 자주 빛인 것은 그가 왕의 아내인 왕비임을 의미한다. 신부의 머리털에 신랑도 반했다(매인다). 이 반했다, 혹은 매인다(아사르)는 '매다, 결박하다, 감금하다' 라는 뜻으로 수동태이다. 신랑 예수 그리스도는 신부들의 매력에 매이신다. 다시 말해, 신부의 매력에 포로가 되신다.

술람미 여인에 대한 친구들(예루살렘 딸들)의 10가지의 칭찬은 그리스도의 신부된 교회가 누구인지에 대한 정체성과, 무엇을 해야 하는지에 대한 사명을 가르친다.

신부의 머리는 갈멜산 싸움의 진리가 있고, 머리털은 신랑의 마음을 사로잡은 매력이 있고, 가슴에는 말씀의 충만함이 있다. 배꼽은 은혜의 포도주로 차 있고, 다리는 북풍 남풍을 견디고 견고하게 서 있다. 발에는 복음의 신을 신고, 목은 신랑 예수님께 향한 의지를 담고, 헤스본의 연못과 같은 정결한 눈으로 영적 분별력을 갖추었다. 이런 온전한 신부의 모습은 신랑이 만들어 내신 것이다.

4. 신부에 대한 신랑 예수님의 칭찬 (7:6~9)

1) 어찌 그리 아름답고 나를 기쁘게 하는가! (6절)

오 나의 사랑, 나를 기쁘게 하는 여인아, 그대는 어찌 그리도 아리땁고 고운가?

지금까지는 신부를 향한 예루살렘 딸들의 10가지 칭찬이 묘사되었다면, 이제는 신부를 향한 신랑의 칭찬이 시작된다. 첫째로, 신랑은 신부가 자신을 기쁘게 하는 존재임을 말씀한다. 그리스도의 신부된 교회는 신랑 예수님을 기쁘게 하는 존재들이다. 미성숙한 어린 신부의 자리에서 고난과 시험을 다 통과해 성숙하고 온전한 신부의 자리에 이른 신부들을 보며 예수님은 기쁨을 느끼신다.

2) 종려나무 같은 신부

그대의 늘씬한 몸매는 종려나무 같고

종려나무는 대추야자 나무로 알려져 있다. 3-7미터 까지 자란다. 또한, 종려나무는 크고 곧게 뻗은 나무로, 뿌리가 땅속 깊이 내려져 있기에 견고하다. 종려나무 같은 신부는 고난과 핍박의 가뭄 속에서도 승리한 신부이다.

또한, 종려나무는 승리와 정복의 상징이다. 셀류코스 왕조의 안티오쿠스 에피파네스 4세의 반 유대교 정책에 항거하여 승리하고 성전을 회복한 마카비(유다)가 예루살렘에 입성할 때 백성들이 종려나무를 흔들며 마카비를 환영했다.(주전 164년경 마카비 혁명)

예수님이 예루살렘 성을 입성하실 때도 백성들은 종려나무를 흔든다. 예수님에게 마카비와 같은 정치적, 군사적 메시아가 되어 주길 원했기 때문이었다.

신부가 몸이 종려나무 같은 것은 그리스도의 신부된 교회가 사탄과 싸움에서 승리한 공동체, 또한, 승리해야 할 공동체임을 의미한다.

계7:9-10

이 일 후에 내가 보니 각 나라와 족속과 백성과 방언에서 아무도 능히 셀 수 없는 큰 무리가 나와 흰 옷을 입고 손에 종려 가지를 들고 보좌 앞과 어린 양 앞에 서서 큰 소리로

외쳐 이르되 구원하심이 보좌에 앉으신 우리 하나님과 어린 양에게 있도다 하니

3) 가슴은 그 열매송이 같다.

그대의 가슴은 그 열매 송이 같구나.

신부의 가슴은 양육의 능력을 상징한다. 많은 어린 신부들을 풍성하게 먹일 수 있는 가슴을 가진 신부를 칭찬하신다. 이미 말한 것처럼, 신부된 교회는 말씀의 능력으로 양 떼를 먹일 수 있어야 한다. 교회에 말씀의 능력이 강력하게 부어지도록 기도해야 한다.

4) 코에서 풍기는 향내는 능금 냄새,

: 신부를 붙잡고 그 권세를 흘려보내시겠다는 신랑의 각오 (8절)

"이 종려나무에 올라가 가지들을 휘어잡아야지." 그대의 가슴은 포도송이, 그대의 코에서 풍기는 향내는 능금 냄새, 그대의 입은 가장 맛 좋은 포도주.
(여자) 잇몸과 입술을 거쳐서 부드럽게 흘러내리는 이 포도주를 임에게 드려야지. 칠십인역과 아퀼라역과 불가타와 시리아어역을 따름. 히, '잠자는 사람들의 입술'

신랑이 신부를 상징하는 종려나무에 올라가서 가지를 휘어잡겠다는 것은 신부의 삶에 맺힌 열매를 따겠다는 것이다. 이렇듯 신부는 신랑에게 포도송이와 사과 열매를 맺게 해야 한다.

또한, 신부의 코는 향기로운 사과 향을 내뿜는다. 사과는 신선한 생명력을(아 2:3) 상징한다. 신부된 교회는 많은 사람의 삶을 새롭게 하는 신선한 생명력을 가진 존재이다. 그리스도의 신부들은 그리스도의 향기를 뿜는 존재이다.

고후1:14-16

항상 우리를 그리스도 안에서 이기게 하시고 우리로 말미암아 각처에서 그리스도를 아는 냄새를 나타내시는 하나님께 감사하노라 우리는 구원 받는 자들에게나 망하는 자들에게나 하나님 앞에서 그리스도의 향기니 이 사람에게는 사망으로부터 사망에 이르는 냄새요. 저 사람에게는 생명으로부터 생명에 이르는 냄새라 누가 이 일을 감당하리요.

5) 입은 최상급의 포도주 같고

그대의 입은 가장 맛 좋은 포도주

신부의 입에는 최상급 포도주가 흘러나온다. 1장에서 포도주는 친밀함을 상징한다. 신부가 신랑 예수님께 드리는 친밀함은 신랑께는 우주 최고의 포도주와 같다.

5. 신랑에게 다시 올려드리는 신부의 사랑(8~9절)

(여자) 잇몸과 입술을 거쳐서 부드럽게 흘러내리는 이 포도주를 임에게 드려야지. 칠십인역과 아퀼라역과 불가타와 시리아어역을 따름. 히. '잠자는 사람들의 입술'

신부는 포도주를 신랑에게 드리려고 한다. 포도주는 친밀함과 사랑, 기쁨을 상징한다. 신부는 신랑으로부터 받은 사랑을 다시 신랑에게 돌려드리려 한다. 그리스도의 신부들은 받은 사랑을 다시 그리스도에게 올려드리면 더 큰 사랑이 부어진다. 사랑의 선순환이다.

제16강

깊어가는 신랑과 신부의 사랑과 동역 (7:10~8:4)

나는 임의 것, 임이 그리워하는 사람은 나. 임이여, 가요. 우리 함께 들로 나가요. 나무 숲 속에서 함께 밤을 보내요. 이른 아침에 포도원으로 함께 가요. 포도 움이 돋았는지, 꽃이 피었는지, 석류꽃이 피었는지, 함께 보러 가요. 거기에서 나의 사랑을 임에게 드리겠어요. 자귀나무가 향기를 내뿜어요. 문을 열고 들어오면 온갖 열매 다 있어요. 햇것도 해묵은 것도, 임이여, 내가 임께 드리려고 고이 아껴 둔 것들이라오.

(여자) 아, 임께서 어머니 젖을 함께 빨던 나의 오라버니라면, 내가 밖에서 임을 만나 입맞추어도 아무도 나를 천하게 보지 않으련만, 우리 어머니 집으로 그대를 이끌어 들이고, 내가 태어난 어머니의 방으로 데리고 가서, 향기로운 술, 나의 석류즙을 드리련만. 임께서 왼팔로는 나의 머리를 고이시고, 오른팔로는 나를 안아 주시네. 예루살렘의 아가씨들아, 우리가 마음껏 사랑하기까지는 제발, 흔들지도 말고 깨우지도 말아 다오.

※ 아가서 전체의 주제

① 신부가 하나님의 사랑 안에 이끌려지는 사랑의 교제

② 신랑과 함께 영혼을 향해 달려나가는 동역이다.

1. 신랑의 소유인 신부(10–12절)

나는 임의 것, 임이 그리워하는 사람은 나.
임이여, 가요. 우리 함께 들로 나가요. 나무 숲 속에서 함께 밤을 보내요. 이른 아침에 포도원으로 함께 가요. 포도 움이 돋았는지, 꽃이 피었는지, 석류꽃이 피었는지, 함께 보러 가요. 거기에서 나의 사랑을 임에게 드리겠어요.

신부는 자신이 신랑의 소유임을 다시 고백한다. 그녀의 삶의 중심이 완전히 바뀐 것이다. 내 모든 것은 다 예수님의 것이다. 신랑 예수님의 사랑이 부어지면 신부는 그 사랑 때문에 그녀의 전부를 드린다.

2. 신부가 신랑에게 함께 동역하기를 기도하고 있다.(11절)

신부는 신랑과 함께 가자고 무려 4번이나 쓴다. 2장7에서 '일어나 함께 가자'라는 신랑의 초청을 거절했던 신부가 이제는 오히려 신랑에게 먼저 '함께 들과 숲으로 가자' 고 말한다. 신부가 신랑의 마음과 동일해져서 신랑의 나라(들과 밤의 숲)를 함께 세우고자 하는 것이다.

1) 어린 신부들을 살피고자 하는 신부

포도 움이 돋았는지, 꽃이 피었는지, 석류꽃이 피었는지, 함께 보러 가요. 거기에서 나의 사랑을 임에게 드리겠어요.

포도 움이 돋았는지, 꽃이 피었는지, 석류꽃이 피었는지를 보러 가자는 것은 신부의 섬김을 의미한다. 신부가 아직 미성숙하고, 어린 신부들을 향한 열정을 가지고 그들을 섬기려 한다는 뜻이다.

요한복음 4:34 ~ 36

예수께서 그들에게 말씀하셨다. 나의 양식은, 나를 보내신 분의 뜻을 행하고, 그분의 일을 이루는 것이다. 너희는 넉 달이 지나야 추수 때가 된다고 하지 않느냐? 그러나 나는 너희에게 말한다. 눈을 들어서 밭을 보아라. 이미 곡식이 익어서, 거둘 때가 되었다.

2) 신랑과의 동역을 통해 사랑을 드리는 신부

: 사역과 친밀함의 조화 (12절)

거기에서 나의 사랑을 임에게 드리겠어요.

신부가 신랑에게 사랑을 드리는 곳은 포도원이다. 포도원은 하나님 나라를 의미한다. 신부는 더 이상 침실에서만 사랑을 드리지 않는다. 이제는 신랑과의 동역을 통해 사랑을 드리려고 한다. 다른 영혼들을 섬기는 것을 통해 사랑을 드린다.

그리스도의 신부들이 다른 영혼들을 섬기고 돌보고 양육하는 것이 예수 그리스도에게 사랑을 드리는 것이다. 신랑 예수를 정말로 사랑한다면 신랑이 사랑하시는 영혼들을 사랑하는 것이다

나는 신랑 예수님과의 교제가 삶의 현장과 사역 속에서 더 깊어지고 있

는가? 혹시 사역과 삶의 현장에서 예수님과의 사랑의 교제를 잃어버리고 있지 않은가?

3. 열매를 드리는 신부(13절)

자귀나무(합환채)가 향기를 내뿜어요.

1) 합환채

합환채는 사랑의 과일로 알려져 있다.[7] 그 잎사귀는 색깔이 검푸른 것 외에는 상치와 아주 많이 닮았고 꽃은 자줏빛이며 뿌리는 대부분 두 갈래로 되어 있다. 열매는 5월 초순에 익으며 크기는 작은 사과와 비슷하고 매우 향기가 좋다고 한다. 이 합환채를 맥추 때에 르우벤이 그 어머니 레아에게 가지고 왔다. 성적 욕구를 돋우는 일종의 강장제로도 알려졌다.[8] 이는 사랑과 다산의 열매, 신혼부부를 위한 열매이다. 신부가 신랑에게 합환채를 드린다(13절). 이는 영적 생명을 잉태하고 싶은 신부의 소원을 의미한다.

2) 신랑을 위해 신부가 쌓아둔 열매

문을 열고 들어오면 온갖 열매 다 있어요. 햇것도 해묵은 것도, 임이여,

내가 임께 드리려고 고이 아껴 둔 것들이라오.

신부는 신랑에게 드리려고 열매를 고이 아껴두었다. 신부는 갖가지 열매를 준비했다. 신랑 예수님은 꽃을 원하지 않고 열매를 원하신다.

4. 겸손으로 자신을 낮추는 신부(8:1~2)

(여자) 아, 임께서 어머니 젖을 함께 빨던 나의 오라버니라면, 내가 밖에서 임을 만나 입 맞추어도 아무도 나를 천하게 보지 않으련만,

신부는 교회 공동체에서, 공개적 사역 속에서 신랑에게 개인적으로 표현하는 친밀함을 친 오빠들에게 하듯, 마음껏 표현하지 못함을 안타까워한다(1절). 누이와 오라버니는 이스라엘 문화에서 입맞춤할 수 있다. 그러나 신랑이 오빠가 아니기에 밖에서 입 맞추지 못하는 것을 아쉬워한다. 이는 신부가 남의 시선을 의식해서가 아니라 자신의 행동이 다른 사람들을 실족시킬까 봐 염려하는 것이다.

공동체 안의 어린 자들을 위해 때로는 나의 자유를 절제할 필요가 있다. 성숙함은 자신을 비우고 다른 사람들을 배려하는 것이다.

5. 교회를 향한 신부의 열정 (2장~3장)

우리 어머니 집으로 그대를 이끌어 들이고,

신부는 신랑을 자신의 어머니 집으로 이끌어 들이기를 원한다. 어머니는 기독교적 의미로 교회를 상징한다는 것이 전통적 견해이다. 신부는 교회 공동체에 신랑이 오시기를 소망한다.

그리스도의 신부들은 교회를 사랑하여 신랑 예수님이 교회에 임재하시기를 간절히 사모하는 자들이다.

6. 신랑에게 가장 최고의 기쁨을 드리는 신부 (3절)

내가 태어난 어머니의 방으로 데리고 가서, 향기로운 술, 나의 석류즙을 드리련만.

이스라엘에는 귀한 손님에게 포도주(술)에 향료를 섞는 관습이 있었다고 한다. 신부는 신랑 예수님에게 최고의 것, 최고의 기쁨을 드리고 싶어 한다.

7. 예수님과의 친밀함이 방해받지 않기를 바라는 신부 (3~4절)

임께서 왼팔로는 나의 머리를 고이시고, 오른팔로는 나를 안아 주시네.
예루살렘의 아가씨들아, 우리가 마음껏 사랑하기까지는 제발, 흔들지도 말고 깨우지

도 말아 다오. (친구들)

신랑은 신부를 포옹한다. 신부는 이 연합과 사랑이 방해받지 못하도록 예루살렘 딸들에게 부탁한다. 신부는 이 사랑을 지키고 싶다. 이런 표현은 아가서에서 총 3번 나온다.

제17강

신부 안에 타오르는 사랑의 불 (8:5~7)

사랑하는 이에게 몸을 기대고, 벌판에서 이리로 오는 저 여인은 누구인가? (여자) 사과나무 아래에서 잠든 임을 내가 깨워 드렸지요. 임의 어머니가 거기에서 임을 낳았고, 임을 낳느라고 거기에서 산고를 겪으셨다오.
도장 새기듯, 임의 마음에 나를 새기세요. 도장 새기듯, 임의 팔에 나를 새기세요. 사랑은 죽음처럼 강한 것, 사랑의 시샘은 저승처럼 잔혹한 것, 사랑은 타오르는 불길, 아무도 못 끄는 ㉠거센 불길입니다. / ㉠또는 '주님의 불길 같습니다.'
바닷물도 그 사랑의 불길 끄지 못하고, 강물도 그 불길 잡지 못합니다. 남자가 자기 집 재산을 다 바친다고 사랑을 얻을 수 있을까요? 오히려 웃음거리만 되고 말겠지요. (친구들)

모든 성경은 삼위 하나님이 누구이신지, 삼위 하나님이 무슨 일을 하시는지를 계시하기 위해서 쓴 것이다. 특히 아가서는 신랑이신 예수님을 드러내고 있다. 신랑 예수님은 온전한 사랑과 헌신으로(첫 번째 주제), 신랑과 함께 멍에를 지는(두 번째 주제) 신부를 완성시키신다.

1. 거친 들에서 올라오는 신부

: 신부와 교회는 마지막 때 승리하는 교회다. (5절)

5장에서 거친 들에서 마차를 타고 올라오는 것은 솔로몬이었다. 신부를 데리러 오는 신랑의 모습이다. 8장에서 거친 들에서부터 사랑하는 이에게 의지하여 올라오는 자는 신부인 교회이다. 거친 벌판은 그리스도의 신부들이 겪는 환란, 유혹, 고난, 핍박, 사단의 공격, 시험을 의미한다. 거친 들에서 올라온다는 것은 신부된 교회가 사탄과 싸움에서 이기고 승리함을 의미한다.

2. 사랑하는 자를 의지하고(라파크)

신랑 예수님을 의지하는 신부만이 거친들, 광야를 지날 때 승리할 수 있다. 사랑과 신뢰를 버리지 않는 신부만이 승리한다. 이 환란의 동안에는 "신랑 예수와 사랑에 빠진 신부"가 아니면 견딜 수 없게 될 것이다.

3. 사과나무 아래 잠든 신랑을 깨우는 신부

(여자) 사과나무 아래에서 잠든 임을 내가 깨워 드렸지요. 임의 어머니가 거기에서 임을 낳았고, 임을 낳느라고 거기에서 산고를 겪으셨다오.

신랑은 사과나무 아래에서 잠들어 있다. 사과나무는 신선한 생명력을 의미한다. 신랑 예수님은 생명을 주는 왕이시다.

신부는 잠든 신랑을 깨운다. 그리스도의 신부된 교회는 신랑 예수님을 깨우는 자들이다. 마치 풍랑을 맞아 배가 침몰 위기에 몰리자 잠든 예수님을 깨우는 제자들처럼 말이다. 신랑 예수님만이 사람들에게 생명을 주실 수 있는 분이기에 신랑을 깨우는 것이다. 다윗도 하나님이 일어나 자신을 위해 싸우실 것을 기도했다.

마8:24-26

바다에 큰 놀이 일어나 배가 물결에 덮이게 되었으되 예수께서는 주무시는지라 그 제자들이 나아와 깨우며 이르되 주여 구원하소서. 우리가 죽겠나이다 예수께서 이르시되 어찌하여 무서워하느냐. 믿음이 작은 자들아 하시고 곧 일어나사 바람과 바다를 꾸짖으시니 아주 잔잔하게 되거늘

시3:7

여호와여 일어나소서. 나의 하나님이여 나를 구원하소서. 주께서 나의 모든 원수의 뺨을 치시며 악인의 이를 꺾으셨나이다.

4. 메시아를 낳은 이스라엘

임의 어머니가 거기에서 임을 낳았고, 임을 낳느라고 거기에서 산고를 겪으셨다오.

구약의 이스라엘은 메시아(신랑 예수 그리스도)가 오시는 통로였다. 이스라엘은 메시아를 낳기까지 많은 산고를 겪었다. 수많은 사탄의 방해와 공격에도 불구하고 하나님은 예수 그리스도를 이 땅에 보내셨다.

5. 사랑의 인을 새김

도장 새기듯, 임의 마음에 나를 새기세요. 도장 새기듯, 임의 팔에 나를 새기세요. 사랑은 죽음처럼 강한 것, 사랑의 시샘은 저승처럼 잔혹한 것, 사랑은 타오르는 불길, 아무도 못 끄는 ㉠거센 불길입니다. / ㉠또는 '주님의 불길 같습니다

아가서는 기도로 시작해서 기도로 끝난다. 1장 2절에서 신부는 신랑에게 사랑의 입맞춤을 구했다. 8장은 사랑의 불도장을 새겨달라는 기도이다. 신부는 아가서의 처음과 끝에서 사랑을 구한다.

신부는 신랑에게 신랑의 마음과 팔에 자신을 새겨달라고 기도한다. 마치 불도장을 새기듯이 말이다. 신부가 신랑의 마음과 팔에 새겨지면 신랑과 신부는 온전히 하나가 된다. 이사야 선지자는 하나님이 이스라엘 백성을 하나님의 손바닥에 새기셨음을 선언한다.

사4915-16

여인이 어찌 그 젖 먹는 자식을 잊겠으며 자기 태에서 난 아들을 긍휼히 여기지 않겠느냐. 그들은 혹시 잊을지라도 나는 너를 잊지 아니할 것이라 내가 너를 내 손바닥에 새

겼고 너의 성벽이 항상 내 앞에 있나니

도장(호탐)은 반지 형식으로 만들어 손가락에 끼고 다니거나, 돌이나 금속에 새겨 목이나 팔에 매고 다니기도 했다.(창41:42, 렘22:24)

특히 이스라엘 백성들에게 도장은 재산의 소유권이나 권세를 나타내는 것이므로 굉장히 애지중지하며 가지고 다녔다고 한다.(카리스, 아가서, 784)

불도장이 찍히면 그것은 지워지거나 없어지지 않는다. 또한, 신랑 예수님은 신부의 마음에 사랑의 인을 치셔서 신부들로 하여금 신랑을 사모하게 하신다. 왜냐면 신랑 예수님을 향한 사랑마저도 우리의 힘으로 할 수 있는 것이 아니기 때문이다. 사랑은 사람에게 속한 것이 아니라 오직 하나님에게 속한 것이다

요17:26

나는 이미 그들에게 아버지의 이름을 알렸으며, 앞으로도 알리겠습니다. 그것은, 아버지께서 나를 사랑하신 그 사랑이 그들 안에 있게 하고, 나도 그들 안에 있게 하려는 것입니다.

롬5:5

이 희망은 우리를 실망시키지 않습니다. 하나님께서 우리에게 주신 성령을 통하여 그의 사랑을 우리 마음속에 부어 주셨기 때문입니다.

마음과 생각, 감정, 영 안에 예수님의 사랑의 인이 새겨진 신부들은 오직 신랑 한분만을 사랑하게 된다.

6. 신랑 예수님과 신부간의 사랑은 죽음같이 강력하다.

사랑은 죽음처럼 강한 것, 사랑의 시샘은 저승처럼 잔혹한 것, 사랑은 타오르는 불길, 아무도 못 끄는 ㉠거센 불길입니다. / ㉠또는 '주님의 불길 같습니다'

신부는 신랑과 자신과의 사랑이 얼마나 강력한 것인지를 비유를 들어 고백한다. 이 세상 사람에게 가장 강력한 두려움은 죽음이다. 죽음을 이길 자는 아무도 없다. 죽음 앞에 모든 사람은 무기력하다. 이렇듯 죽음은 모든 강한 자들마저도 정복한다. 신부는 신랑을 향한 자신의 사랑이 마치 죽음처럼 강력하다고 말한다. 신랑을 향한 자신의 사랑 앞에 그 어떤 것도 막아설 것이 없음을 고백한다.

죽음을 이길 자가 없고, 죽음이 부르면 거부할 자가 없는 것처럼 신랑 예수님의 사랑을 이길 자가 없고, 예수님의 사랑이 누군가를 부르시면 거부할 자가 없다. 신랑의 사랑은 절대 패하거나, 뒤로 물러서거나 힘들어 주저앉지 않는다. 힘이 없어 포기하는 나약한 사랑이 아니기 때문이다.

7. 사랑은 질투의 불이다.

또한, 신부는 사랑의 질투가 지옥의 불길처럼 잔혹함을 말한다. 지옥의 불은 모든 것을 태우는 것처럼, 상대방을 독점하고자 하는 사랑의 질투는 모든 것을 잔혹하게 태운다. 진짜 사랑은 전심을 요구한다. 상대방의 전부를 요구한다. 상대가 나 아닌 다른 것에 눈길을 주는 것을 용납하지 못한다. 그래서 신랑 예수님은 당신의 신부들을 그 어떤 것에도 빼앗기지 않으시려고 하신 것이다. 그리스도의 신부들이 신랑 예수님보다 더 사랑하는 것이 무엇이든지, 그것이 물질, 명예, 사람, 권력, 쾌락, 이생의 자랑, 육신의 정욕, 안목의 정욕이든지 다 질투의 불로 태우신다. 이 모든 것들은 결국 자기 사랑의 우상이기 때문이다. 신랑의 사랑은 질투하는 사랑이며, 불같은 사랑이며, 잔인한 사랑이다.

부부가 서로에 대해 질투하는 것은 당연하다. 신랑에게 신부가 전부가 아닐 때, 신부에게 신랑이 전부가 아닐 때 질투의 불이 타오른다. 아내가 자신이 아닌 다른 남자에게 관심을 더 가진다면 그 신랑은 본능적으로 질투하지 않겠는가! 서로가 서로에게 전부이고, 서로가 오직 유일한 목적일 때 그 사랑은 완전하다.

사랑은 상대방 한 분만으로 충분한 것, 사랑은 상대방이 유일한 목적인 것, 사랑은 상대방에게 전부와 모든 것을 내어주는 것, 사랑은 상대방 대신에 내가 죽을 수 있는 것, 사랑은 상대방의 관심과 아픔과 기쁨과 행복이 곧 나의 관심과 아픔과 기쁨과 행복인 것, 이것이 온전한 사랑이다. 신랑 예수님이 신부인 나를 향한 사랑이 이러한 온전한 사랑이다.

신랑 예수님이 신부들에게 자신의 일부분이 아닌 자신의 전부를 내어주셨기에, 그도 신부들에게 전부의 사랑을 요구하신다. 그 온전한 사랑을 다시 받기를 원하신다. 그래서 불처럼 신부의 전 존재를, 전 삶의 영역을 태우시는 것이다. 신부의 전 영역에 오직 순결한 신랑만이 거하도록, 신부의 마음에, 생각에, 뜻에, 육체에, 영혼에, 인생에, 언어에, 눈빛에, 사역에, 소멸하는 불을 보내어 정결케 하신다. 그래서 하나님의 징계는 혹독하기도 하다. 신부는 이런 사랑의 불을 구하고 있다.

8. 홍수와 많은 물로도 끌 수 없는 사랑(7절)

1) 홍수와 많은 물

신부는 이 사랑은 많은 물과 홍수로도 끌 수 없음을 선언한다. 많은 물과 홍수로 끌 수 없는 불은 이 세상에 존재하지 않는다. 그러나 신랑 예수님의 신부된 교회를 향한 사랑의 불을, 그리스도의 신부들이 신랑 예수님을 향한 사랑의 불을 끌 수 있는 것은 어떤 것도 없다. 그것이 물이던 창궐한 홍수던 말이다.

이것은 역설적으로 두 연인의 사랑을 끄고자 하는 세력이 있음을 말한다. 사탄은 많은 물과 홍수, 다시 말해, 핍박, 죽음의 위협, 조롱, 유혹, 좌절, 두려움, 실망, 고통, 때로는 축복, 형통, 번영, 인기, 명예, 교만, 사람들의 인정, 거짓 복음, 거짓 진리 등을 통해 신랑 예수님과 신부된 교회 간의 "순결한 사랑의 불"을 끄기 위해 수단과 방법을 가르지 않는다.

2) 돈으로도 살 수 없는 온전한 사랑

사랑은 오직 사랑으로만 얻을 수 있다. 사람이 전 재산을 전부 드릴지라도 이런 거룩한 사랑의 불을 살 수는 없다. 돈(재산)은 이 세상 사람들이 가장 소중히 여기는 가치이다. 신랑 예수님의 사랑은 이 세상의 그 어떤 것, 심지어 가장 소중한 것으로도 얻을 수 없다. 그 사랑은 오직 순결한 사랑, 전적인 사랑으로만 얻을 수 있기 때문이다. 사랑은 사랑으로만 얻을 수 있다.

이런 사랑은 저절로 얻어지는 것이 아니다. 신부는 3장부터 오직 몰약의 산, 십자가의 산이라고 할지라도 신랑이 원하신다면 기꺼이 가겠다고 결단했다. 그리고 5장에서 이해할 수 없는 두 가지 시험 속에서도 신랑을 향한 온전한 사랑을 10가지로 드렸다. 그렇기에 신랑은 신부의 사랑을 온전한 사랑이라 인정하셨다. 온전한 사랑은 신랑 예수님만이 나의 전부가 될 때이다. 신랑 한 분만으로 충분할 때, 신랑만이 나의 복임을 고백할 때이다. 시편 16편 2절 다윗처럼 '주밖에는 나의 복이 없습니다.'라고 고백할 때이다.

제18강

교회를 향한 신부의 중보 : 재림을 소망하는 신부의 부르짖음 (8:8~14)

(친구들, 혹은 오빠들) 우리 누이가 아직 어려서 가슴이 없는데, 청혼이라도 받는 날이 되면, 누이에게 우리가 무엇을 해야 하나?
누이가 우아한 성벽이라면 우리가 은으로 망대를 세워 주고, 누이가 아름다운 성문이라면 우리가 송백(백향목) 널빤지로 입혀 주마.
(여자) 나는 성벽이요, 나의 가슴은 망대 같습니다. 그래서 그가 날 그토록 좋아합니다.
솔로몬은 바알하몬에 포도밭이 있습니다. 그는 그 포도원을 소작인에게 주었지요. 사람마다 도조를 은 천 세겔씩 바치게 하였습니다.
나에게도 내가 받은 포도밭이 있습니다. 솔로몬 임금님, 천 세겔은 임금님의 것이고 이백 세겔은 그 밭을 가꾼 이들의 것입니다.
(남자) 동산 안에서 사는 그대, 동무들이 귀를 기울이니 그대의 목소리를 들려오.
(여자) 임이여, 노루처럼 빨리 오세요. 향내 그윽한 이 산의 어린 사슴처럼, 빨리 오세요.

아가서는 한 시골의 양치기 어린 소녀가(1절) 신랑의 사랑으로 인하여 온전한 신부와 왕비로 세워지는(8장) 여정을 그리는 책이다. 그 마지막 단락이다.

1. 신랑과 신부의 의지

1) 어린 누이를 향한 친구들(오빠들)의 염려 (8절)

(친구들, 혹은 오빠들) 우리 누이가 아직 어려서 가슴이 없는데, 청혼이라도 받는 날이 되면, 누이에게 우리가 무엇을 해야 하나?

이 단락은 화자가 누구인지 명확하지 않다. '우리'라는 복수형을 쓰고 있기에 화자에 대한 여러 가지 가능성이 있다. 첫 번째는 표준새번역처럼 친구들로 보기도 하고, 두 번째는 술람미 여인의 오빠들로 보는 것이다(위클리프). 왜냐하면 '우리 누이'라고 부르고 있기 때문이다. 세 번째는 화자를 신랑과 신부가 어린 신부들로 보는 견해이다.(델리취, 한)

술람미와 솔로몬은 정혼상태이다(4장). 이스라엘의 결혼문화는 좀 특별하다. 먼저 정식 결혼을 하기 전에 정혼의 기간을 대략 1년 동안 가진다. 이 기간에 신랑은 신부를 데리러 오기 위해 집을 마련한다. 그리고 신부는 신랑의 가풍을 익히며 결혼을 준비한다. 술람미 여인의 오빠들은 어린 누이의 보호자로서 누이의 부족함을 채워주겠다는 의미로 말을 하고 있는 것이다. 화자를 친구들로 보든, 오빠들로 보든 그들이 술람미 여인의 성숙함을 무시하고 얕보며 자신들의 보호를 받아야 할 미성숙한 어린 신부로 보는 편견을 가지고 있음을 의미한다.

만일 화자를 신랑과 신부로 본다면 의미는 확 달라진다. 신랑과 신부는 어린 신부, 장차 성숙한 신부로 초대받고 있는 예비 신부들을 더 성숙한 신부들로 세우기 위해 관심을 가지고 그들을 도우려는 마음을 표현하고 있는 것이다.

필자는 문맥상 세 번째 견해가 더 좋다고 생각한다. 신부인 교회는 교회 공동체 안에 있는 어리고, 미성숙한 신자들을 성장시키고 성숙시켜야 하는 책임이 있다. 이들은 아직 가슴이 없는 소녀들이다. 즉 누군가를 양육할 수 없다는 것을 의미한다. 이들은 누군가를 섬길 준비가 되지 않은 어린 자들이다. 아직은 자신들의 문제에 빠져 다른 이들을 먹일 능력이 없으며, 자신의 문제에만 빠져 있는 자들이다.

2) 신부된 교회의 사명

술람미는 더 이상 1-2장의 어린 신부가 아니다. 그는 더 이상 자신의 문제에 초점을 맞추는 삶이 아니라 다른 어린 자들에게 진정으로 관심을 갖고 기도하는 성숙한 신부로 성장했다. 비로소 신랑의 일을 함께 하고자 하는 의지와 열정을 가지고 있다. 이제는 중보자의 사명을 감당할 때가 된 것이다. 그리스도의 신부된 교회는 영적인 아비와 어미의 마음과 사명, 즉 미성숙한 어린 신부들에 대한 책임감이 있다.

술람미 여인은 신랑에게는 온전한 신부임과 동시에 어린 자들에게는 영적인 어미가(아비가) 되었다.

살전 2:11
여러분이 아는 바와 같이, 아버지가 자기 자녀에게 하듯이, 우리는 여러분 하나하나를 대합니다.

고전 4:15
그리스도 안에서 일만 스승이 있으되 아버지는 많지 아니하니 그리스도 예수 안에서 내가 복음으로써 너희를 낳았음이라.

3) 어린 신부들에 대한 신부의 결단(9절)

누이가 우아한 성벽이라면 우리가 은으로 망대를 세워 주고, 누이가 아름다운 성문이라면 우리가 송백 널빤지로 입혀 주마.

신부와 신랑은 어린 신부들에게 '성벽의 은 망대'와 '성문의 널빤지'를 세울 것이라고 다짐한다.

성벽은 도시를 방어하는 벽이다. 그리스도의 신부된 교회는 영적 성벽이다. 진리로 무장한 그리스도인들 자체가 하나님 나라를 어둠의 세력들의 공격으로부터 지키는 진리의 성벽이다. 술람미는 자신과 어린 신부들이 영적인 성벽임을 안다.

그리고 그들을 위해 “문”을 세울 것이다. 이는 구원의 문, 복음전도의 문을 여는 사역을 의미한다. 어린 신부들이 자라고 성장하여서 그들을 통해 많은 사람들이 하나님 나라로 들어오게 하는 영적인 문이 되도록 세우고자 하는 것이다.

2. 3가지 정체성에 대한 신부 스스로의 확신 (10절)

나는 성벽이요, 나의 가슴은 망대 같습니다. 그래서 그가 날 그토록 좋아합니다.

1) “나는 성벽이요”

이미 말한 것처럼, 그리스도의 신부된 교회는 영적 성벽, 진리의 성벽이다. 그리스도의 신부들은 자신들이 이런 자들임을 분명히 알고 있어야 한다.

2) “내 가슴은 망대 같으니”

가슴은 어린 신부들을 먹이는 말씀의 능력을, 망대는 그들을 보호하는 능력을 의미한다. 신부된 교회는 말씀과 기도로 어린 자들을 먹이고 보호하는 사명에 대한 확신이 있어야 한다.

3) "그가 보기에 화평을 얻은 자"

: 신랑을 기쁘게 하는 자"

신부는 자신이 신랑에게 만족을 주는 자라는 확신이 있다. 왜냐면 진리의 성벽과 문을 가지고 있고, 망대와 같이 하나님 나라를 지키는 자를 신랑 예수님이 기뻐하시기 때문이다.

3. 신랑이 포도원을 맡은 신부에게 맡김 (11절)

솔로몬은 바알하몬에 포도밭이 있습니다. 그는 그 포도원을 소작인에게 주었지요. 사람마다 도조를 은 천 세겔씩 바치게 하였습니다.
나에게도 내가 받은 포도밭이 있습니다. 솔로몬 임금님, 천 세겔은 임금님의 것이고 이백 세겔은 그 밭을 가꾼 이들의 것입니다.
(남자) 동산 안에서 사는 그대, 동무들이 귀를 기울이니 그대의 목소리를 들려 오.
(여자) 임이여, 노루처럼 빨리 오세요. 향내 그윽한 이 산의 어린 사슴처럼, 빨리 오세요.

1) 신부들에게 맡기신 포도원

술람미는 솔로몬이 바알하몬의 포도밭에 있고, 그 포도원을 소작인들에게 주셨다고 말한다. 바알하몬는 "군중의 주인"이라는 뜻이다. 바알하몬은 요단 골짜기의 벧산으로부터 남쪽에 위치한 곳이든지, 아니면 잇사갈 지파의 영토로 수넴 지역으로 추정한다.(카리스, 아가서 784)

신랑은 지금 바알하몬의 포도원에 있다. 신랑은 언제나 자신의 포도원에서 일하고 있다. 그리고 그 포도원, 즉, 하나님의 나라를 소작인들에게 맡겨두신다. 여기서 소작인은 신부된 교회를 다르게 표현한 것이다. 주인의 포도원을 대신 맡은 소작인들은 반드시 주인이 원하는 때에 소출, 즉 열매를 드려야 한다.

그리스도의 신부된 교회들은 맡겨주신 포도원을 열심히 섬겨서 반드시 열매와 소출을 주인이신 예수님께 바쳐야 하는 책임이 있다. 하나님 나라를 대신 맡았다는 것은 어마어마한 특권이자 어마어마한 책임인 것이다.

마 21:33-34

다른 한 비유를 들으라 한 집 주인이 포도원을 만들어 산울타리로 두르고 거기에 즙 짜는 틀을 만들고 망대를 짓고 농부들에게 세로 주고 타국에 갔더니 열매 거둘 때가 가까우매 그 열매를 받으려고 자기 종들을 농부들에게 보내니

2) 결산을 요구하시는 신랑

그는 그 포도원을 소작인에게 주었지요. 사람마다 도조를 은 천 세겔씩 바치게 하였습니다. 솔로몬 왕은 포도원을 소작인들에게 맡기고 그들에게 은 1,000세겔을 요구한다. 은 1,000세겔은 상징적 숫자이다. 1,000은 성경에서 충만함을 상징하는 숫자이다.

시편 91:7

천 명이 네 왼쪽에서, 만 명이 네 오른쪽에서 엎드러지나 이 재앙이 네게 가까이 하지 못하리로다.

벧후 3:8

사랑하는 자들아 주께는 하루가 천 년 같고 천 년이 하루 같다는 이 한 가지를 잊지 말라.

은 1,000세겔을 소작인들에게 바치게 한 것은 주님의 재림 때에 충만한 열매를 요구하신다는 의미이다.

역사적으로 보면 열매를 바치지 못해서 쫓겨난 첫 번째 소작인은 유대인이다. 그리고 그 포도원을 열매를 바칠 만한 자들에게 두 번째 소작인들에게 다시 주셨는데 그 두 번째 소작인은 이방인을 말한다.

신랑이신 예수님은 재림하실 때에 맡기신 것에 대한 결산을 요구하실 것이다. 나는 주님에게 드릴 열매를 맺고 있는가?

3) 동역한 신부를 향한 보상

나에게도 내가 받은 포도밭이 있습니다. 솔로몬 임금님, 천 세겔은 임금님의 것이고 이 백 세겔은 그 밭을 가꾼 이들의 것입니다.

소출과 열매는 다 왕의 것이다. 그러나 동역자의 몫도 있다. 이백 세겔은 그 밭을 가꾼 이들, 소작인들의 것이다. 이는 하나님 나라에 함께 동역한 신부들에게도 보상이 있음을 의미한다.

4. 신부에게 주시는 신랑의 마지막 부탁 (13절)

(남자) 동산 안에서 사는 그대, 동무들이 귀를 기울이니 그대의 목소리를 들려 오.

1) 동산에 거주하는 자여

신랑은 신부에게 동산에 거주하기를 부탁한다. 어린 신부들을 먹이고 보호하면서 신랑이 맡기신 하나님 나라라는 동산에 계속 거하기를 말씀하신다. 어린 자들을 향한 섬김이 계속되기를 부탁하시는 것이다.

2) 성숙한 신부들의 목소리를 들리게 하라.

신랑은 동산의 친구들이, 어린 신부들이 신부의 목소리를 듣도록 목소리를 내기를 요구하신다.

교회 공동체 안에는 성숙한 신부들이 많아야 하고, 그들이 성숙한 신부의 자리에 어떻게 이를 수 있었는지를 가르쳐야 한다.

또한, 어린 신부들은 성숙한 신부들의 목소리에 귀를 기울여야 한다. 먼저 이 길을 걸어간 영적 멘토들에게 귀를 기울이고 배워야 한다.

사실 예루살렘 딸들은 이전부터 신부의 목소리를 듣기 원했다.(5:9, 6:1, 6:13) 또한, 신랑도 신부가 성숙치 않았을 때도 신부의 목소리에 매혹되셨다. 미성숙할 때에도 신부의 목소리에 매혹되셨다면 지금 온전한 성숙과 사랑 안에 거하며, 신랑의 나라에 동역하는 신부의 목소리가 그분께 얼마나 달콤하겠는가?

아 2:14

바위틈에 있는 나의 비둘기여, 낭떠러지 은밀한 곳에 숨은 나의 비둘기여, 그대의 모습, 그 사랑스런 모습을 보여주오. 그대의 목소리, 그 고운 목소리를 들려 주오.

그러므로 그리스도의 신부들은 신랑이 듣기 원하는 사랑의 목소리를 들려 드려야 한다. 예배 가운데 사랑의 고백으로, 기도 가운데 영혼들을 향한 중보의 고백으로, 가르침 가운데 어린 자들을 향한 말씀의 섬김으로, 복음 전도가운데 전도의 목소리를 주님과 세상에 들려주어야 한다. 원수 마귀는 그리스도의 신부들이 잠잠할 것을 바랄 것이기 때문이다.

5. 신랑 예수님이 다시 오심을 기도하는 신부의 기도(14절)

임이여, 노루처럼 빨리 오세요. 향내 그윽한 이 산의 어린 사슴처럼, 빨리 오세요.

1) 내 사랑하는 임이여

1장에서 "사랑하는 자여"로 시작한 신부의 여정이 마지막 8장에서도 "사랑하는 자여"로 끝난다. 아가서는 사랑으로 시작하여, 사랑으로 완성된다.

2) 예수님이 이 땅에 다시 오시기를 소원하는 신부

신부는 신랑이 노루처럼, 어린 사슴처럼 빨리 오시기를 소망한다. 그렇다. 그리스도의 진정한 신부된 교회는 신랑의 다시 오심, 주님의 재림을 간절히 소망하는 자들이다.

계 22:17

성령과 신부가 "오십시오!" 하고 말씀하십니다. 이 말을 듣는 사람도 또한, "오십시오!" 하고 외치십시오. 목이 마른 사람도 오십시오. 생명의 물을 원하는 사람은 거저 받으십시오.

마지막 때 그리스도의 신부된 교회는 어떤 교회이어야 하는가?

노루와 사슴은 높은 산에 거하는 동물들이다.(아 2:9, 아 2:17) 모든 장애물을, 모든 반대를 정복하고 다스리시며 달려오시는 신랑 예수님의 능력을 의미한다. 아가서의 마지막과 계시록의 마지막의 외침이 동일하다. '주 예수여, 신랑이여, 어서 빨리 오시옵소서'이다.

6. 아가서 전체를 통해 본 신부의 고백 4단계

자기중심(self-centered) → **하나님 중심으로 전환**(God-centered)

1) 초기 그녀의 관심은 오직 자기 자신, 자기의 영적 만족에만 있다.

① 2장 16절 "(여자) 임은 나의 것, 나는 임의 것. 임은 나리꽃 밭에서 양을 치네."

② "그는 내 것이라"가 먼저이다.

2) 그녀의 초점이 자기에서 신랑으로 바뀜

① 4장 16절 "(여자) 북풍아, 일어라. 남풍아, 불어라. 나의 동산으로 불어오너라. 그 향기 풍겨라. 사랑하는 나의 임이 이 동산으로 와서 맛있는 과일을 즐기게 하여라."

② "나의" 정원에서 "그의" 정원으로

3) 그녀의 인생의 주권, 소유권이 신랑에게 있음의 고백

① 6장 3절 "나는 임의 것, 임은 나의 것. 임은 나리꽃 밭에서 양을 치네."

② "나는 그분의 것"이 먼저

③ 2장 16절과 똑같은 단어인데 순서가 다른 것을 주목하라.

4) 신부의 삶의 모든 주권이 예수님께 있음 음을 아는 것 뿐 아니라

신랑이신 예수님의 갈망이 오직 그녀 한 사람을 향하고 있음을 안다.

① 아가서 7장 3절 "너의 가슴은 한 쌍 사슴 같고 쌍둥이 노루 같구나."

② 그의 갈망이 나를 향한다.

③ "신랑의 관심이 신부의 관심이고, 신랑의 소원이 신부의 소원이고, 신랑의 나라가 신부의 나라이고, 신랑의 목적이 신부의 목적이고, 신랑의 일이 신부의 일이다."

7. 아가서 공부를 끝내며

1) 아가서에서 배운 은혜가 무엇인가?

2) 나와 우리 교회에 대한 신랑 예수님의 요구는 무엇인가?

3) 아가서의 각 장은 신부의 성장과 성숙의 여정, 각 단계를 상징한다. 그렇다면 나와 우리 교회는 어떤 단계에 있다고 생각하는가?

나와 우리 교회는 어느 장(단계)를 걸어가고 있는가?

그리고 1장의 어린 양치기 소녀에서 8장의 온전히 성숙한 신부가 되어 왕이요 신랑이신 주님과 함께 다스리는 자로 나와 우리 교회를 세우시기를 기도하라.

모든 영광과 권세와 능력과, 무엇보다도

"목숨보다도 더 소중한 사랑을 신랑 예수님께 드립니다."

미주

1 「The Song of Songs Sturdy Guide」, MIKE BICKLE, 드보라하우스
2 「구약의 문학적 구조」, 데이빗 돌시(류근상 역), 기독지혜사
3 「카리스 주석 - 전도서/아가서」, 기독지혜사
4 「왕의 신부」, 브라이언 시몬즈, 도서출판WLI
5 「카리스 주석 - 전도서/아가서」, 기독지혜사
6 「성서주석-전도서/아가」, 민영진, 대한기독교서회
7 「왕의 신부」, 브라이언 시몬즈, 도서출판WLI
8 「카리스 주석 - 전도서/아가서」, 기독지혜사

참고문헌

「The Song of Songs Sturdy Guide」, MIKE BICKLE, 드보라하우스
「카리스 주석 - 전도서/아가서」, 기독지혜사
「왕의 신부」, 브라이언 시몬즈, 도서출판WLI
「성서주석-전도서/아가」, 민영진, 대한기독교서회
「WBC 주석-아가서/애가」, 두안 가렛 외 (채천석 역), 솔로몬
「메튜헨리 성서주석 시리즈-전도서/아가」, 소창길 역, 기독교문사
「구약의 문학적 구조」, 데이빗 돌시(류근상 역), 기독지혜사